세월호와 한국 여성신학

국립중앙도서관 출판예정도서목록(CIP)

세월호와 한국 여성신학 : 한나 아렌트와의 대화 속에서 /
지은이: 이은선. ─ 서울 : 동연, 2018
　　p. ;　　cm

참고문헌 수록
ISBN 978-89-6447-398-6 93320 : ₩12000

여성 신학[女性神學]
한국 기독교[韓國基督教]

231.015-KDC6
230.046-DDC23　　　　　　　　　　　CIP2018006453

세월호와 한국 여성신학

— 한나 아렌트와의 대화 속에서

이은선 지음

동연

책 을 내 며

1

　최근 일본의 한국학 연구가 오구라 기조 교수의 『한국은 하나의 철학이다』라는 책을 읽게 되었다. 그 책을 쓴 오구라 교수는 지난 1980-90년대 한국에 유학 와서 8여 년 동안 한국 철학을 공부한 뛰어난 지한파 교수이다. 최근에는 한국의 영성에까지 관심의 폭을 넓히며 이웃 나라 한국에 대한 올바른 상을 세우기 위해 고심하는 고마운 학자이다. 이 책의 글은 원래 저자가 1990년대 후반에 일본에서 한류 붐이 막 일어나는 시점에 일본의 한 잡지사 독자들을 위해서 쓴 글들이라고 한다. 그것을 모아서 낸 문고판의 후기를 보면 그는 한때 한국에 살 때 "한국인이 되자"라는 결심까지 하면서 "한국인보다 한국을 정확하게 인식하고 싶다"라고 소망을 갖기도 했다.

　그러한 저자에 따르면 한국은 하나의 '철학'이다. 그것도 특히 유교, 그중에서도 뼛속까지 유교 주자학의 '리'(理)로 체화된 나라로서 그것은 한국이 이웃 일본 등과는 달리 항상 하나의 '도덕'을 지향하는 "도덕 지향성 국가"라는 것이다. 거기서 도덕 지향성이란 삶에서 항상 '이상'(理)을 추구하는 것을 말하고, 그래서 '보편'과 '명분', '이름'과 '하나됨'을 강조하면서 그 도덕을 추구하는 일을 통해서 바로 현실적 삶에서의 성공과 번영(氣)까지도 얻을 수 있다고 믿는 것이라고 한다. 그처럼 도덕과 명분을 강조하고, 그것의 선취를 통해서 '권력'과 '부'까지 함께 얻을 수 있다고 믿는 한국의 철저한 주리론적 낙관론은 한국 사회를 끊임없이 "상승을 향한 열망"의 나라로 만들면서 계속 역동적이게 하고, 지치지 않는 젊음과 패기, 뛰어난 천재의 나라로 만들지만 거기에 또한 한국 사회의 깊은 피로(恨)와 외부지향성, 극심한 경쟁 사회의 갈등이 있다고 한다. 그 좋은 일례로 한국에서는 운동선수들조차도 도덕성을 갖추지 않으면 성공할 수 없다고 하는데, 이번 평창 동계올림픽에서 금메달을 딴 한국 선수들에 대한 소개와 칭찬에도 여지없이 그들의 좋은 인성과 도덕성이 수없이 언급되는 것을 보면 이러한 지적이 틀리지 않는 것 같다.

2

하지만 책의 페이지를 넘겨가며 더 따라가 보면 저자는 한국인의 이理 지향성을 단지 그 지향 행위 자체로만 평가하면서 거기서의 어떤 지향 내용(氣)이나 방향에는 상관하지 않는 것 같다. 그래서 예를 들어 한국에서의 '식민지 근대화론'이나 이완용에 대한 평가가 부정적인 것을 들어서 그러한 일은 한국에서 민족주의적 '리'가 여전히 승하기 때문이고, 언젠가는 그들(친일파)도 "그 나름의 '리'가 있었다"라는 것을 안다면 "식민지 시대에 대한 시각도 변할 수 있을 것이다"라고 말한다. 이러한 언설은 저자가 한국인 삶의 사상적, 문화적 특성을 밝혀내고, 그것을 '도덕' 지향성이라고 하면서도 정작 한국인들이 무엇을 추구하는가의 내용은 보지 않는 것을 말하는데, 이러한 관점은 나에게는 오히려 한국 사상(유교)이 끊임없이 추구해온 '리'(보편/도덕)와 '기'(특수/현실)를 항상 같이 보려는 '리기불이적'(理氣不二的) 특성, 즉 이상과 현실, 초월과 내재, 정신과 몸, 궁극과 이 세상의 현재의 삶을 어떻게든 연결시키려고 하는 특성(理到, 理氣妙合)을 놓치고 있는 것으로 보인다. 즉 그는 한국 사상이 그렇게 극복하고자 했던 '리'(理) 또는 '기'(氣)일원론에 머문 것이고, 그런 면에서 오히려 그가 참으로 파악하려고 노력했던 한국적인 특성을 놓친 것이라 여겨진다.

3

나는 그렇게 된 이유가 오구라 교수가 한국 사상 또는 유교 사상 안에서의 '종교적'이고 '여성적'인 특성을 보지 못했기 때문이라고 생각한다. 그는 한국을 하나의 '철학', 그중에서도 특히 주자학적 '도덕'(리) 지향성으로 보면서, 그러나 거기서의 도덕은 그 "최고 형태"를 "도덕이 권력 및 부와 삼위일체가 된 상태로 여겨지고 있다"라고 적시한다(『한국은 하나의 철학이다』, 21쪽). 즉 그는 한국 유교를 철저히 하나의 '현세지향적인 도덕 철학'으로 파악하는 것을 말하는데, 그렇게 함으로써 그는 한국 유교가 동시에 그 안에 끊임없이 일구어왔던 특성, 즉 단순한 현세지향성을 넘어서 도덕과 권력과 부의 삼위일체가 깨어지더라도 거기서의 모순과 고통을 스스로 감내하며 삶을 지속하려는 노력을 계속해 왔다는 사실을 간과한 것을 말한다. 나는 한국 유교에서의 이와 같은 특성—어떻게든 삶과 존재에서 '리기 불이성'(理氣 不二性)을 지속적으로 담지하며 함께 조화시키려는 노력—을 그 '종교성'(religiosity)내지는 '영성'(spirituality)으로 이름하고자 하는데, 이러한 측면은 일본인 오구라 교수뿐 아니라 사실 한국 사상가들도 지금까지 크게 주목하지 못한 것이다. 그러나 나는 그 영성적 특성을 특히 조선 유교여성들의 지난했던 삶에서 관찰하고, 그것을 오늘 한국적 여성신학의 구성을 위한 의미로 잘 가져올 수 있다고 생각했다. 18-19세기 조선 여성선비 임윤지당(任允摯堂,1721-1793)과 강정일당(姜靜一堂, 1772-1832)에 대한 연구가 그 한 예이고, 그 연구를 "잃어버린 초월을 찾아서-한국 유교의 종교적 성찰과 여성주의"(2009)라는 이름 아래서 수행하였다.

오구라 교수의 한국 사상 이해에서는 '상승'이나 '지향', '열망' 등의 성취의 이야기만 있지 '자기희생'이나 '비움'(謙虛), '겸비'(孝)나 '인내' 등의 이야기는 드물다. 그렇게 그의 이해는 '철학'과 '도덕', '자아'의 단계에 머물러 있다는 것인데, 나는 한국적 유교가 하나의 '영성'으로서 단순히 어떤 성취적 상승만을 추구하는 것이 아니라 오히려 자신을 비우고(捨己從人), 스스로가 '고통'을 감내하는 방식을 통한 이룸(求仁成聖)의 차원을 가진다는 것을 말하고자 한다. 그런 의미에서 오구라 교수의 '한국은 하나의 철학이다'라는 명제보다는 이미 우리가 함석헌 선생에게서 들었던 '한국은 하나의 뜻이다'라는 명제가 한국적 삶의 특성을 훨씬 더 적실하게 표현하는 것이 아닌가 생각한다.

4

2천 년대 와서 나는 이러한 신학적 성찰이 다시 서구 여성정치사상가 한나 아렌트(H. Arendt, 1906-1975)의 그것과 많이 상관될 수 있는 것을 보았다. 그녀의『전체주의의 기원』이나『정치의 약속』,『인간의 조건』등에서 나타나는 궁극과 현실의 연결, 전통과 현재의 새로운 관계, 전통과 과거에 대해서 참으로 급진적으로 전복적이지만 동시에 아주 견실한 전통성을 지니고 있는 그녀 사고의 불이성(不二性)이 내가 유교 영성과 종교성의 핵심으로 여기는 바로 여기·이곳의 적나라한 관계적 현실 속에서 궁극(聖·性·誠)을 실현하려는 노력(聖學之道, to become a sage)과 매우 잘 상통하는 것으로 본 것이다. 이런 나의 생각이 적실하다는 것을 최근에 다시 한 하이데거 전기 연구에서 발견했는데, 그 전기 연구가는 아렌트가 나중에 서양철학의 집대성이라고 하는 하이데거의 사상을 세 가지 관점에서 전복시키는 것을 말했다. 즉 하이데거가 끊임없이 "죽음으로 달려감"의 '사멸성'(死)을 말하는 것에 반해서 아렌트는 인간 '탄생성'(生)의 조건으로 응답했으며, 하이데거가 이 세계에서 지향하는 개방성을 "각자의 본래성"에서 보았다면 아렌트는 "타자와 함께 하는 행위 능력"(acting in concert)에서 보았고, 하이데거가 반복적으로 "세인(Man)의 세계에 빠져있음"을 비판했지만 아렌트는 다원성과 공공성의 "세계사랑"(amor mundi)을 제시한 것을 말한다(뤼디거 자프란스키『하이데거』, 박민수 옮김, 북캠퍼스 2017, 243쪽). 여기서 서술된 하이데거와 아렌트의 관계에서도 분명히 드러나는 대로 나는 하이데거를 서구 철학 또는 기독교적 사고의 종말로 보면서 그에 대한 새로운 대안이 아렌트에게서 보이고, 그 아렌트적 사고가 한국 유교 전통의 '천지생물지심'(天地生物之心, 천지의 낳고 살리는 마음)의 영성과 잘 상관된다고 여겼다. 또한 세계와 관계에 대한 공적 책임을 강조하는 유교적 인(仁)의 영성과 평범한 이곳의 세계로부터 하늘의 뜻을 구하는(極高明而道中庸/下學而上達) 한국적 유교의 추구가 아렌트의 '세계사랑'과 잘 상관되는 것을 본 것이다. 이러한 관점에서의 나의 탐색은 그리하여 그 이후 "한국 생물生物여성영성의 신학-종교聖·여성性·정치性의 한몸짜기"(2011)나 "생물권 정치학 시대에서의 정치와 교육-한나 아렌트와 유교와의 관계 속에서"(2013) 등으로 묶여졌고, "다른 유교, 다른 기독교"(2016)의 탐색 등으로 지속되었다.

5

이번 저술은 이상과 같은 사고에 있던 내가 2014년 4월16일 세월호 참사를 맞아서 어떻게 그 상황을 이해하고, 어떤 물음들 속에서 그 시간들을 지나왔는가를 보여주는 흔적들이다. 당시는 노무현 대통령의 참사를 겪은 후 이명박 대통령의 시간을 마무리하고 박근혜 대통령을 맞아서 점점 더 국민들의 삶이 강팍해져 가고 있는 때였다. 그 속에서 일어난 참사는 너무나 엄청나고 끔찍한 일이어서 온 국민은 정신을 차리기 힘들어 했다. 특히 당시 참사 앞에서 한국의 대형교회들이 유족들과 한국 사회에 보여준 행태는 한국 기독교 신앙과 교회, 신학에 대한 근본적인 물음들을 불러일으키기에 충분했다. 이러한 상황에서 한나 아렌트의 시각들은 나에게 많은 도움이 되었다. 그녀는 세계 제1,2차 대전이 일어나기 전의 유럽 제국주의와 나치와 스탈린의 전체주의를 겪었고, 그러한 끔찍한 재앙들이 어떻게 인류 사회에서 일어날 수 있었는가를 서구 유럽 문명사에 대한 깊은 성찰과 통찰을 통해서 이미 살펴

보았기 때문이다. 그러한 통찰들이 21세기 신제국주의 시대, 기업가 출신 이명박 대통령과 철저히 사적 의식에 사로잡혀 있던 박근혜 대통령의 시대에 일어난 우리의 일들을 파악하는데 좋은 길잡이가 된 것이다. 또한 한국 교회와 신학이 그러한 종말적 상황과 비극 앞에서 보여준 비신앙적 행태와 무기력, 무능력은 우리가 기독교 신앙을 계속해서 가진다는 것이 무슨 의미가 있는지, 이 세상의 삶과 정치와 경제가 교회의 복음과 구원, 신앙 등과 어떤 관계가 있는지 등을 묻게 했고, 앞에서 밝힌 대로 나는 한국 유교 전통과 대화하면서 얻은 '聖·性·誠'의 여성신학과 '한국 생물(生物)여성영성'의 신학적 언어로 나름의 대안을 찾고자 고심하였다.

6

세월호 참사가 일어난 후 한 달 만에 쓴 맨 처음의 글을 시작으로 해서 이번 참사에서 제일 적나라하게 드러난 세월호의 사실적 진실과 정치의 충돌 이야기, 정치와 경제의 무원칙한 합병이 한 나라와 세계에 어떤 비극을 가져오는지, 그렇게 상식과 인간 공동 삶의 기초적 토대가 무너졌을 때 다시 그 회복을 위해서 무엇을 할 수 있는지, 거기서 종교와 정치, 교육과 예술, 언론은 무엇인지 등의 물음이었다. 이런 우리의 질문들은 더욱 근본적으로 신의 존재 증명에 대한 물음과 죽음과 부활, 용서와 약속에 대한 이야기로 이어진다. 그래서 세월호 1주기를 지내고 시간이 가면서 한국 기독교와 교회, 신학이 전통의 화석화된 신 이야기와 부활 이야기 등에 갇혀서 전혀 그 역할을 하지 못하는 것을 보면서 그것을 넘어서 새로운 신 이해와 그리스도 이해, 십자가와 부활 이야기를 찾게 했다. 에티 힐레줌이라는 나치 유대인 수용소에서 죽어간 한 여성의 신앙과 인간적 삶의 모습을 살피면서 세월호 이후의 한국 교회와 유족들의 삶이 어떠할 수 있을까를 물었고, 또 그렇게 어린 자식들을 떠나보내고 적나라하게 맞이한 몸의 마지막을 넘어서 부활과 영생의 문제를 어떻게 다시 볼 수 있을까를 탐색했다. 2주기를 맞아서도 아직 아무것도 해결된 것이 없고 오히려 희생자들과 유족들이 조롱받고, 억압받고, 내쳐지는 상황을 보면서 정말 한국 사회가 어디로 가고 있는가 하는 비탄의 질문을 던지지 않을 수 없었지만 그 가운데서 유족들 자체에서 오히려 희망의 그루터기가 놓이는 것을 보았고, 당시 바다 속에 들어가서 시신 수색작업을 해왔던 김관홍 잠수사의 죽음을 목도하면서는 그 부활의 물음을 더욱 급진적으로 묻지 않을 수 없었다.

7

세월호 2주기가 지나면서 떠났던 산티아고 기행과 그 이후에 이어지는 삶의 질문들을 인터뷰 형식으로 고백한 글이 있고, 결국 세월호 유족들의 삶도 포함해서 이런 모든 신앙과 정치와 의식의 물음들은 이 세상에서의 모든 그러함에도 불구하고 뜻과 믿음을 놓지 않는 신앙적 '소수자'의 물음으로 연결되는 것을 보여준다. 이제 우리의 신앙은 두 가지 측면에서 '상상'과 연관되는 것을 말하는데, 나 이외의 다른 신을 섬기지 말라는, 즉 너희들의 잘못된 상상을 금하라는 이야기와 그러나 동시에 다시 눈에 보이지 않지만 너희 상상으로 언어와 스토리에 그려진 신의 모습을 상상하면서 그것을 믿고 신뢰하며 살라는 두 차원의 '믿음'과 '상상'의 이야기라는 것을 마지막 글은 보여준다. 이런 맥락에서 나는 이제 우리 삶의 진정한 문제와 관건은 바로 '믿음'과 '신뢰'(信)의 문제이고, 그런 의미에서 앞으로의 우리 신학(神學)은 '신학'(信學), 즉 '믿음의 학'이 되어야 한다는 뜻을 밝히고 싶었다. 즉 오늘 세월호와 같은 것을 겪고 난 사회에서는 어떻게 우리가 서로를 '믿을' 수 있을 것인지, 우리 사이에 신뢰와 믿음이라는 것이 다시 가능한지, 어떤 방식으로 가능하게 할 수 있을지, 또한 우리 공동 삶의 토대가 되는 말과 사실이 왜곡되고 거짓과 폭력과 고립만이 난무한 세상에서 다시 서로를 관계시킬 수 있는지, 그리고 이제 하나님 신앙을 가진다는 것은 정말 어떤 의미이고 우리 공동 삶을 위해서 없어서는 안 되는 용서하고 약속하는 능력을 개발할 수 있는지 등, 나는 이러한 '믿음'(信)과 관계되는 것들을 물어가고 탐구하는 것이 세월호 이후의 신학, 특히 한국 여성신학이 몰두해야 하는 주제라고 생각했다.

8

이제 나는 그동안 이상적인 것은 아니었지만 그래도 대학 캠퍼스라는 안정 속에서 살아온 삶을 마감하고 더욱더 세상과 마주하게 되었다. 보다 자유롭게 집중하면서 위에서 들었던 우리 삶의 문제들에 대한 탐색을 수행하고 싶어서 내린 결론이긴 하지만, 요사이 연일 각종 뉴스 매체들을 통해서 전해지고 있는 소위 우리 사회 지도급 인사들의 숨어 있던 비행들이 드러나니 마음이 참으로 우울하다. 어떻게 한 인간의 삶에서 말과 행위, 쓰인 글과 실제적 삶 사이의 균열이 그 정도로 심할 수 있을까 라는 생각 때문이다. 그러면서 나 스스로도 이번 글 모음의 제목을 〈세월호와 한국 여성신학〉이라고 하는 것이 많이 두렵고 부끄러웠다. 여기 글들에서 쓰인 만큼 그렇게 진정으로 강도만나 죽어가는 사람들을 보고서 그들의 죽어가는 처지를 돌아보며 함께했나를 되새겨 보았을 때 한없이 부끄러웠기 때문이다. 일찍이 시몬느 베이유는 불행한 사람은 결코 (이웃에게) '집중'할 수가 없다고 했는데, 그래서 우리 옆에 죽어가는 사람들에 대한 관심과 집중어린 배려, 스러져가는 그들 속에서 끝까지 신적 불꽃을 놓치지 않는 눈과 귀를 가진 사람들이 더욱 많아졌으면 좋겠다는 생각을 하고 또 한다. 유교 전통은 바로 그러한 사람을 진실하고 성실한 '귀'와 '입'의 사람, 잘 듣고 참되게 말 할 수 있는 '성인'(聖人)으로 묘사하고 있는데, 나는 이 성인이야말로 오늘 우리 시대 '촛불'과 '만인사제'의 시대에 누구나가 지향할 수 있는 '그리스도' 의 모습과 견줄 수 있다고 생각한다. 그리고 한국 여성신학자로서 그 '성인'(聖人)과 '그리스도'의 길을 더욱 탐색하고 이어가고 살아가는 것 이 할 일이라고 여겼다. 지금까지 거칠고, 많이 흔들리며, 정제되지 못 한 모습이었지만 그러한 일들을 해오는 가운데 삶과 성찰의 동반자로 함께해준 사랑하는 한국 여성신학의 모든 친구들, 〈한국여신학자협의 회〉, 〈한국여성신학회〉, 〈감리교여성지도력개발원〉, 〈기독교여성민 중회〉, 〈생명마당〉 등의 도반들과 앞으로도 이런 질문들을 더욱 심화 시켜 나갔으면 좋겠다. 그 길은 나에게는 특히 두 가지의 언어군, '聖· 性·誠'과 '神·身·信'의 언어를 서로 관계시키면서 씨름하는 일이 될 것 같다. 이런 우리들의 생각을 밝힐 수 있도록 또 수고하실, 이번에 많은 어려움 가운데서도 이 책의 출판을 맡아 고생해준 동연 출판사에 마지막 감사의 인사를 드리며 이 글을 맺고자 한다. 지금 매우 긴박한 상황 속에 놓인 한반도에서의 평화와 통일을 위해서 이 모든 여성신학적 탐구가 좋은 밑거름이 되었으면 좋겠다.

2018. 2. 20
부암동 언덕에서
이은선 모심

차 례

세월호 참사와 한국 정치
그리고 교회 여성*

I. 시작하는 말

2014년 4월 16일 세월호 사태는 대한민국 근·현대사에서 그 이전과 이후를 나누는 결정적 사건 중 하나가 될 것임이 분명하다. 1950년 6.25 사변과 견주어지기도 하고, 1981년 5.18 광주항쟁과 더불어 얘기되기도 한다. 기독교 교회력으로 보면 한국교회는 2013년 부산에서 제10차 세계교회협의회 총회를 막 마친 후였고, 그 개최의 성과를 논하고 있는 중이었다. 더군다나 그 총회의 주제가 '생명의 하나님, 우리를

---

* 이 글은 정확히 세월호 참사가 일어난 지 한 달 반이 지났던 2014년 5월 26일, 〈한국교회여성연합회〉가 주관한 '교회여성정치토론회'에서 읽었던 글이다. 이후 몇 번의 보완이 있었고, 여기에 실린 원고는 1년 후 다시 보완 수정한 것이다.

정의와 평화로 이끄소서'(God of life, lead us to justice and peace!)였던 것을 생각해 보면 더욱 기가 막힌다.

한국 문화와 역사, 교회가 특히 '생명'(life)을 중시해오고, 한국 사람들은 인정이 많고, 착하고 순하며, 남을 배려하는 정신(仁)이 뛰어나다는 자타의 평 속에서 살아왔는데, 세월호의 참사는 그 모든 평가와 믿음을 단번에 날려버린다. "국가가 국민을 구조하지 않은 사건입니다." 아니 "구조로 포장된 학살극"이라는 말이 나오고,[1] 그래서 "세월호의 진실"이라는 말이 우리 시대의 화두가 되었다. 참 많이 부끄럽고, 당황스럽고, 갈피를 잡기 어렵다. 그 일이 있은 후 해를 넘겨서 1년이 되어가는 시점이다. 수많은 우여곡절을 겪으면서 600만 명의 서명과 3만여 명의 단식 끝에 2014년 11월 19일 '4.16 세월호 참사 진상규명 및 안전사회 건설 등을 위한 특별법'이 만들어졌지만 수사권과 기소권이 포함되지 않았고, 정부 여당인 새누리당은 일베의 세월호 참사 조롱글을 퍼나르던 부적격 인사를 특별조사위원으로 추천하는 등 특별조사위원회 준비과정부터 난항이 심하다.

304명의 목숨을 앗아갔고, 더군다나 그중에서 250명이라는 18세 어린 학생들을 한꺼번에 수장시키며 한 명도 구하지 않은 사건을 보면서 처음에 사람들은 너나할 것 없이 "가만히 있지 않겠습니다. 잊지 않겠습니다. 행동하겠습니다"라는 구호를 외쳤다. 하지만, 지금 1년도 안

---

1 KAIST 곽동기 박사, 『세월호의 진실-누가 우리 아이들을 죽였나』(도서출판 615, 2014), 111.

되는 시점에서 그동안 대통령을 포함한 정치권으로부터 그리고 같은 시민들로부터도 말로는 형언할 수 없는 외면과 탄압, 조롱을 받아온 유족들은 2015년 1월 26일 스스로 '4.16 세월호 참사 진상규명 및 안전 사회 건설을 위한 피해자 가족협의회'를 만들었다. 그리고 그들이 지금 원하는 것은 "실종자 완전 수습, 세월호의 온전한 인양, 철저한 진상규명"이다.[2] 세월호 이후를 살아가는 신학자로서 우리와 한국교회가 이 유족들의 한 맺힌 절규와 행동에 어떻게 화답하며 함께할 수 있을까를 생각하고, 거기서의 우리 역할 중 가장 긴요한 것이 무엇일까를 물으면서 이 글을 정리한다.[3] "우리는 더 이상 세월호 참사 이전처럼 살 수 없습니다"라는 구호가 지금 광화문 광장에서 찬바람을 맞으며 펄럭이고 있다. 나는, 우리는, 한국교회는 이 구호와 더불어 어떤 이후의 삶과 미래를 꿈꾸고 있는가?

II. 세월호 참사와 한국 사회

세월호 참사를 맞이하여서 사람들이 가장 빈번하게 던지는 질문 중 하나는 '국가'란 무엇이고, '정치'란 무엇이어야 하는가 라는 것이다. 대

---

2 416가족협의회 김홍구, 설 특별판, 〈진실을 인양하라〉, 2015.2.
3 앞에서 밝힌대로 이 글은 원래 2014년 5월 26일 교회여성정치토론회 〈교회여성과 정치〉에서 처음 읽었고, 2014년 7월의 「기독교사상」에 "세월호 참사와 한국정치 그리고 교회"라는 제목으로 발표한 것을 수정 보완하였다.

한민국 국민은 근세에 나라를 잃어버린 경험도 있고, 이어진 외래의 정치 이데올로기 충돌로 민족이 분단되는 고통도 겪고 있는 터이기 때문에 국가의 존위 자체에 대한 질문은 잘 던지지 않는다. 하지만 이번 참사를 통해서 국가가 온갖 허위와 거짓, 무책임으로 우리 생명의 지지대가 되어주지 못하는 것을 보면서 그 국가에 대해서 근본적으로 다시 생각하게 되었다. 이렇게 많은 수의 생명들이, 도저히 상상할 수도 없는 참사를 통해서 희생되는 것을 보면서 그리고 한국 정치와 사회가 어떻게 자본주의적 관료주의의 권모와 술수, 교만과 무책임, 무감각과 무능력으로 일관되어 있는지가 드러나면서 사람들은 매우 당황하였고, 그래서 더 진지하게 보편적으로 한국 사회와 정치의 나아갈 길에 대해서 묻는다.

1. 신자유주의 정치와 경제의 불의한 합병과 세월호 참사

세월호 참사의 핵심 원인들을 찾는 성찰과 분석이 여러 차원에서, 여러 방식으로 행해지고 있다. 참사가 일어난 후 아직 세월호의 실소유주가 국정원이라거나 침몰하던 바로 그 시각과 장소에 레이더에 나타난 괴물체의 정체 등에 대한 이야기가 회자되기 전에는 침몰 원인을 주로 경제적인 관점에서 논했다. 처음 이 글이 쓰인 시기도 그랬다. 그러나 이후 침몰의 원인이 점점 더 미궁 속으로 빠지고 베일에 가려지게 되면서 정치적인 분석과 추측이 많이 늘어나고 있다. 그럼에도 불구하고 우리의 부르주아 사회에서 정치와 경제는 결코 둘로 나눌 수가 없다.

나는 우선 CEO 출신 이명박 정부 시절부터 더욱 더 그 마성을 드러
낸 한국 신자유주의 정치와 경제의 제국주의적 성장주의가 그 누적된
부자연(不自然)과 불의(不義)를 더욱 절망적으로 표출한 사건이라고 보
고자 한다. 20세기 서구 여성정치철학자 한나 아렌트는 이미 그의 『전체
주의의 기원』에서 19세기 말과 20세기 초의 서구 제국주의가 어떻게
—특히 홉스『리바이어던』의 만인 대 만인의 투쟁 원리로— 세계 정치
를 파국으로 몰고 갔으며, 인간 공동체 삶을 파괴해 갔는지를 잘 보여주
었다. 당시 서구 제국주의는 자신들의 자본주의 생산을 무한정으로 늘
리기 위해서 자국의 정치를 자신들 욕망 채우기의 시녀로 삼았다. 그것
은 정치와 경제의 불의한 합병으로 전 세계를 대상으로 식민주의적 약
탈을 펼쳐나간 유럽 근대 부르주아 계급의 권력욕과 물질욕의 결과였
다. 모두 알다시피 그렇게 한계를 모르는 부의 축적에 대한 욕망은 결국
세계 제1, 2차 세계대전의 비극을 불러왔고, 거기서 나치즘이나 스탈린
주의 등의 전체주의의 참상을 가져왔으며, 20세기 대한민국의 비극도
그 과정 중에 같이 있다.

거기서 정치는 무너지고 대신 계급의 이해나 정권의 변동에 상관없
이 영원히 자신들의 직업적 명예와 자리에만 관심하는 관료 체제로서
의 공무원 집단만을 양산했다. 그러한 무제한적 팽창의 추구는 피정복
민족의 것이든 자국민의 것이든 모든 생활 공동체를 파괴하고, 대중은
고독한 인간 폐기물인 뿌리 뽑힌 잉여 폭민으로 전락했고, 거기서 인간
은 결국 '종'(race)으로, 국가는 '종족'으로 환원되면서 수많은 부자연스
러운 죽음을 불러왔다.[4] 21세기의 오늘 비록 그 방식과 범위는 달라졌

다 하더라도 전 지구적으로 실행되고 있는 신자유주의 경제 원리는 그러한 정치와 경제의 제국주의적 적용과 크게 다르지 않다. 여기서 지금은 OECD 회원국으로서의 한국의 상황이 그때와는 많이 달라졌지만, 이제는 자국민조차도 식민지로 삼는 21세기형 신제국주의인 신자유주의 경제 원리를 어느 곳에서보다도 강력하게, 압축적으로 실행하는 나라가 되어서 그 고통이 극심하다. 오늘 세월호 참사는 그 논리적 귀결이라고 본다.

서구 근대 유물론의 두 쌍둥이인 자본주의와 사회주의를 모두 겪은 러시아의 사상가 베르댜예프(N. Berdyev, 1874-1948)에 따르면, 근대 부르주아의 노예성은 '돈'과 '자아'에 대한 노예성이고, 경제적 능력을 중대시하고 그것을 정신없이 숭배하는 사람의 것으로서 다른 어떤 인간적 노예성보다도 보편적이고 치명적이다. 부르주아는 이 세상에 깊이 뿌리를 박고서 이 세상의 삶에 만족하는 자이므로 그가 경제력 발전의 무한을 인정한다고 하더라도 진정으로 '무한'과 '영원'에 대해서 관심하는 자가 아니다. 하지만 그 부르주아는 일면 매우 "신앙적이고 종교적"이라고 하는데, 그럼에도 불구하고 그는 자신을 유한한 세계에 매어 놓고 자기를 초월하는 것을 좋아하지 않기 때문에 그에게 있어서 종교의 질은 "이 세상의 조직에 헌신하는 봉사, 이 세상에서의 그의 지위의 보존에 대한 봉사에 의해서 측정된다."[5] 오늘 한국 기독인의 의식을 이

---

4 한나 아렌트/이진우 · 박미애 옮김, 『전체주의의 기원』 1 (한길사, 2006), 317.
5 니콜라스 A. 베르댜예프/이신 옮김, 『노예냐 자유냐』 (늘봄, 2015), 243-253.

보다 더 잘 묘사한 서술은 찾아보기 힘들며, 그래서 한국 사회에서 종교와 교회는 번창하지만 대부분이 '실질적인 무신론자'가 되어서 부르주아로 살아가기 때문에 그 종교와 신앙이 결코 그들의 인격을 구성해주지 못한다.

　부르주아는 금전과 재산의 노예로서 자신의 노예이다. 그는 개인주의자이고, "이 세상의 시민이고 지상의 왕"이다. 자기를 위해서 모든 것을 요구하고, 부유하게 되려는 욕망으로 그에게 있어서 주요한 문제는 '어디서'라 아니라 '어디로'이다. 그러한 "미래에 대한 신뢰, 일어서려는 의지, 제일선을 확보하려는 그 의지"로 야심가가 되어서 뛰어난 성취력을 보이지만, 그는 그 가운데서 다른 사람들을 노예로 만들며, 19세기 제국주의 인간이 별들마저도 소유하고자 하는 욕망으로 자기 외의 존재들을 수단과 도구로 환원시키면서 자신의 경제적 목적을 위해서 국가와 공권력을 이용하는 것처럼 그렇게 철저히 자기중심주의와 '세계 소외'에 빠져 있는 군상들이다. 세월호 참사는 그렇게 한계를 모르는 사적 욕망과 타인과 생명에 대한 무감각으로 '저 세상'을 위해서 '이 세상'의 어떤 것도 희생하려 하지 않는, 뼛속까지 세속적이고 물질화된 인간의 타락이다. 그런 부르주아는 재산과 금전 문제에 있어서는 그렇게 개인주의자이지만 의식과 양심과 판단에 있어서는 집단주의자라고 베르댜예프는 일갈한다. 부르주아는 단체에 속하며 공포를 가지고 있고, 여론을 무서워하며 재산에 의해서 얻어지는 것 외의 자유를 알지 못한다. 세월호 참사를 맞아서 전 세계인에서 자신들의 아이들을 수백 명 "수장"하는 것을 생중계한 나라 한국에서 이 서술에서 벗어나는 사람을 쉽게 찾아보기 힘든 것은 우연이 아니다.

2. 기업국가 한국 비판

그동안 한국 사회 부르주아적 자본주의의 병폐와 실상을 세차게 비판해온 한국학자 박노자는 이번 세월호 참사를 목도하면서 "정부가 해운업 감독 책임을 방기하고, 기업은 이윤을 위해 고객과 노동자 생명을 볼모로 잡는다면 이는 사고가 아니다. 살인이다"라고 일갈했다.[6] 그러면서 한국 현대사를 매우 비극적으로 정리하기를, 그것은 위안부 피해자, 강제징용 피해자들의 보상 권리를 팔아먹는 방식으로 일본과의 '관계정상화'를 해서 얻은 차관과 베트남 전쟁에서의 용병으로 받은 돈으로 1968-1970년 경부고속도로를 건설하는 과정에서 드러난 대로 "도살장 같은 이 국가"였고, 1987년 이후 민주화됐다기보다는 "기업에 의해서 사유화"되었고, 1997-98년 IMF 환란을 계기로 국가는 더욱 "기업국가"의 형태로 변모해갔다고 풀어낸다.

그런데 사실 노무현 전 대통령도 매우 염려한 것이 이렇게 정치와 국가가 사기업의 하수인으로 전락하는 것이었다. 그는 정치와 경제가 원칙 없는 합병을 하고, 경제에 의한 정치의 함몰이 이루어질 때 나라 안의 공동 삶이 어떻게 될지를 걱정하였다. 기업의 CEO와 정치가의

---

6 박노자, 〈한겨레〉 2014.5.14(수), 박노자의 한국, 안과 밖 "기업국가를 해체하라."

역할을 축구 경기에서의 선수와 관리자의 역할로 비유하면서, CEO는 축구시합에서 직접 선수가 되어서 어떻게든 골을 넣으려는 사람이지만, 정치 지도자는 그 경기 자체가 잘 이루어지도록 관리하고, 룰을 만들고, 공정한 심판을 하면서 조정과 중재를 하는 사람이라는 것을 강조한다. 그러므로 "CEO에게는 패배자는 무의미한 것이지만 정치가에게는 패배자야말로 중요합니다. 정치가는 패자들을 챙겨서 함께 데리고 앞으로 나아가야 하는 사람입니다"라는 말로 기업과 정치의 일이 결코 같을 수 없음을 강조하였다.7 그런데 대한민국은 CEO 출신 대통령을 뽑으면 모두가 그처럼 부자가 되는 줄 알고 그렇게 스스로가 선수가 되어서 일생동안 자신의 이익을 위해서 선수로 뛰었던 사람을 대통령으로 뽑았다. 또한 오늘 박근혜 대통령도 다시 '남북통일'이라는 참으로 어렵고도 예민한 정치의 일을 "대박"과 "잿팟"과 같은 비열한 부르주아적 자본주의 언어로 그려내고 있으니 세월호 참사 앞에서 그의 책임 있는 대통령으로서의 역할을 기대하는 것은 일찌감치 한 꿈인 것을 알아차렸어야 하는지도 모른다. 이렇게 대한민국처럼 그 국가의 구호가 '기업하기 좋은 나라'가 된 나라에서는 "돈이 너무 많은 사람들의 이윤 추구 동기와 너무 가난한 사람들의 도박 본능에 호소하는 소수의 자본주의자들이 연출하는 광경"8을 사람들은 부러움으로 쳐다본다. 거기서

---

7 강민석 외, 『노무현 상식, 혹은 희망』 (행복한 책읽기, 2009), 69; 이은선, "사람의 아들 노무현 부활하다", 『한국 생물生物여성영성의 신학 – 종교 · 聖, 여성, 정치誠의 한 몸 짜기』 (도서출판 모시는사람들, 2011), 211.
8 한나 아렌트, 같은 책, 280.

가장 두드러진 것은 공공성의 부재이고, 인간은 한갓 기업의 부품이거나 폐품인데, 그래서 이미 폐품이 된 노인이거나 아직 "쓸 만한 부품"이 되지 못한 아이들과 청소년들의 비참이 크다. 박노자는 한국 사회에서 특권층, 중상층에 끼지 못한 사람이 노인으로 살아간다는 것은 거의 "'처벌'에 가깝다"라고 지적하였다. 한국의 노인 빈곤율이 거의 49%로 산업화된 나라에서 최악이고, 그렇게 가난과 고독에 시달리는 수많은 노인들에게 유일한 탈출로 보이는 노인 자살률이 역시 세계 최고이고, 청소년 사망 원인 1위가 자살인 나라가 '기업국가' 한국이라는 것이다.

III. 세월호 참사와 신뢰의 그루터기

그러면 이제 우리가 다시 무엇을, 어떻게 할 수 있고 해야 하는가? 위의 박노자는 "기업국가를 해체하라"라고 주문한다. 그에 따르면 기업국가의 해체만이 우리가 살아날 수 있는 길이고, 그래서 "기업 본위의 사회를 인간 본위, 노동자 본위의 사회"로 바꾸지 않으면 대한민국 국민의 대다수를 기다리고 있는 것은 또 다른 "수장"일 뿐이라고 주창한다.9 이와 유사하게 『제국』과 『공통체』의 저자 네그리(A. Negri)와 하트(M. Hardt)는 서구 근대주의가 몰고 온 "소유공화국"을 대신해서 프롤레타리아의 몸과 신체의 저항성과 생산성의 힘에 근거한 새로운 유

---

9 박노자, 같은 글.

물론적 다중 "공통체"(commonwealth, multitude-form)를 제안한다.[10]

하지만 본인은 그러한 유물론적 경제주의적 제안을 넘어서 거기서 더 나아가고자 한다. 이미 앞에서 든 베르댜예프의 부르주아적 노예성의 분석도 지적한 대로 인간의 금전과 재산에 대한 노예성은 단순히 한 시기의, 한 특정한 그룹만의 문제가 아니다. 오히려 그것은 인간 보편의 유혹이어서 공산주의자도 부르주아가 되어 금전의 노예가 될 수 있으므로 오늘의 소유공화국과 기업국가를 넘어설 수 있는 결정적 힘은 결코 집단이나 사회의 일만이 아니라고 보기 때문이다. 그래서 앞으로의 달라짐과 나아짐의 관건은 다시 영혼과 정신의 문제이고, 그룹과 집단의 일이라기보다는 개인과 창조적 인격의 일이라고 보는 것을 말한다.[11] 베르댜예프는 그런 근거로 프롤레타리아의 인간 회복 중 가장 안이한 형태는 부르주아가 되는 일이라는 했다.[12] 그러므로 단순히 사회 기구의 변화, 예를 들어 자본주의적 질서를 사회주의 혹은 공산주의로 바꿔 놓음으로써 부르주아를 정복할 수 있다고 생각하는 것은 유치한 생각이라고 하는데, 오늘 중국이나 동구, 구소련과 북한의 전개가 그것을 잘 대변해주고 있다.

---

10 안토니오 네그리·마이클 하트/정남영·윤영광 옮김, 『공통체-자본과 국가 너머의 세상』(사월의 책, 2014).

11 이은선, "함석헌 선생과 21세기 한국교회", 농촌과목회편집위원회, 「농촌과 목회」 2014년 봄호, 27,

12 N. 베르댜예프, 같은 책, 243.

이러한 입장은 오늘 한국 사회에서 신앙과 믿음과 종교가 부패할 대로 부패했지만 그럼에도 불구하고 다시 우리 삶과 모여 삶의 궁극적인 물음을 '신앙'과 '믿음'에 관한 일로 보는 것을 말한다. 이번 세월호 참사의 경우도 많은 사람들이 지적하고 있는 대로 결국 우리 공동 삶에서 우리가 신뢰할 수 있는 '그루터기'로 남아있는 것이 무엇이고, 그 신뢰와 믿음이 없이는 어떠한 형태의 인간 공동 삶도 가능하지 않기 때문에 그렇다면 우리가 과연 어떻게 이 신뢰와 믿음의 '근본 힘'을 다시 회복할 수 있겠는가라는 물음으로 집약된다.[13] 오늘 신학과 교회의 입장에서 '정치'를 묻는 일도 바로 그러한 의미일 것이다.

1. 정치의 약속

혹성까지라도 병합하려고 하고, 전 지구를 대상으로 식민지를 넓혀가고자 한 서구 제국주의의 전체주의적 자본주의는 결코 인간 자연과도 부합하지 않고 지구의 한계라는 조건에도 맞지 않았다고 지적된다. 그러한 부르주아적 부와 권력에 대한 무한정한 갈증은 결국에는 "오로지 파괴를 통해서만 가라앉힐 수 있다는 사실"을 감지한 것이 19세기 말과 20세기 초 서구의 예술과 문화적 허무주의였다고 아렌트는 밝힌다.[14] 그러나 그러한 가운데서도 그녀는 다시 "정치의 약속"(the promise of

---

13 이신/이은선 · 이경 엮음, 『슐리어리즘과 靈의 신학』 (동연, 2011).
14 한나 아렌트, 같은 책, 297.

politics)을 말한다. 그녀에 따르면 오직 고립된 개인들만이 전체주의 적으로 완전히 지배할 수 있다. 즉 고립이 테러의 시작이고, 고립이 '무력'(impotence)을 낳고, 무력이 '공포'와 '두려움'(fear)을 낳기 때문에 모든 전체주의적 정부는 사람들을 우선 고립시키는 일을 제일의 과제로 삼는다는 것이다. 오늘 우리의 언어로 이야기하면 그것은 믿음과 신뢰의 소멸이고, 개인의 원자화이고, 뿌리 뽑힘이다.

아무도 믿지 못하고, 아무와도 더불어 같이 행동할 수 있다고 생각하지 못하기 때문에 거기서 사람들은 절망하고, 자살하고, 폭력을 행하고, 말과 행위가 인간적이 되고 위대해지기는커녕 오히려 점점 더 사라지거나 파괴적이 되어 간다. 곧 정치의 실종이고, 이 정치의 실종은 그렇게 바로 우리 믿음과 신앙의 실종과 밀접히 연결되어 있다는 것이 다시 한번 드러난다. 그래서 한 사회에서 종교의 부패는 정치의 부패와 긴밀히 연관되어 있는 것이 분명하기 때문에 단지 '구원파' 때문만이 아니라 오늘의 세월호 사태에서 종교인들의 책임이 지대하다. 아렌트는 그녀의 『전체주의의 기원』 마지막 부분에서 루터가 "인간이 혼자 있어야 하는 것은 좋지 않다"라는 창세기의 성경구절을 "외로운 사람은 항상 한 가지 일을 다른 한가지로부터 추론하고, 모든 일을 항상 최악의 결론으로 생각한다"(A lonely man, says Luther, "always deduces one thing from the other and thinks everything to the worst")라는 의미로 푼 사실에 주목한다. 그것은 그렇게 말과 행위로 "다른 사람과 더불어 같이 행위 하는"(acting in concert) 정치가 사라진 사회에서 고립된 인간은 항상 자기 자신 속에서 추론하고, "최악의 경우만을 생각"하고, 그것이야말로 전체주의 운동의 대표적 극단주의라는 것을 지적하는 것이다.[15] 극단적인 외로움 속에서 믿을 수 있는 동료나 이웃이 없고, 심지어는 자기분열 속에 빠져서 자기 스스로도 믿지 못하는 것이 전체주의자의 비극이고, 오늘 소유공화국과 기업국가로 전락한 한국 사회에서 나 자신뿐 아니라 주변의 이웃과 정치 지도자, 대통령의 모습에서 이런 흔적들을 쉽게 볼 수 있다.

그러나 그럼에도 불구하고 오늘 세월호 참사 이후 대한민국이 나아갈 길에 대한 모색으로서 인류 문명적이고, 정치사회학적이며, 여성신학적인 시각을 통합적으로 엮어서 다시 인격과 정신과 영혼과 믿음을 이야기하고자 한다. 그리고 그 일이란 두 가지 차원의 일을 포괄하는데, 즉 어떻게 우리가 우리의 '자아 중심주의'와 '자기 망각'이라고 하는 두 가지 병을 치유할 수 있겠는가 하는 것을 모색하는 것이다.[16]

2. 한국 사회와 교회의 두 가지 병

여기서 먼저 '자아 중심주의'란 오늘의 주체성의 시대에 아무리 주체와 개인을 강조하고, 거기서부터 우리 인식과 정치의 출발점을 찾는다 하더라도 그 주체와 개인은 결코 허공과 무토대의 존재가 아니라는 사실을 망각한 것을 말한다. 그 주체란 오히려 상대와 세계와 공동체와

---

15 Hannah Arendt, *The Origins of Totalianism*, A Harvest/HBJ Book 1973, 346-347, 477.
16 한형조 외, 『500년 공동체를 움직인 유교의 힘』(글항아리, 2013), 32.

전통의 존재라는 사실을 인정해야 하는 것이다. 아렌트는 말(lan-guage)과 행위(action)를 인간 고유성의 핵심으로 보면서 "다원성"(plurality)이라는 인간 조건(Human condition)을 분명히 드러냈다. 말이란 상대와 더불어 하는 것이고, 말과 행위는 인간이 물리적 대상으로가 아니라 "인간으로서 서로에게 자신을 드러내는 양식"이기 때문이다.[17] 그래서 인간 각자의 고유성과 양도할 수 없는 존엄성을 "탄생성"(natality)으로 그렸지만, 동시에 그 탄생성의 핵심을 바로 말로 다른 사람과 관계 맺을 수 있는 능력, 더불어 살아가면서 '새로움'을 시작할 수 있는 능력, 그것을 함께 실행하고 이루어서 온전한 성취로 마무리할 수 있는 행위의 능력으로 보았다. 정치의 의미는 한마디로 "자유"(freedom)라고 했지만 그녀가 이해하는 자유는 우리가 일반적으로 생각하듯이 한 자아의 의지나 사고의 내면의 문제가 아니다. 오히려 내 밖의 타자와 원리와 세계의 생명의 요구에 나 자신을 내어놓을 수 있는 자기부정의 능력이다. 그래서 그것을 몽테스키외가 유교적 개념과 아주 유사하게 '덕'(virtue)이라고 표현한 공화정을 이루는 능력으로 이해했고, 그런 의미에서 진정으로 자유로운 인간은 자신의 사적 이익과 자아 중심주의로부터 벗어나서 '공평무사'(公平無私, disinterested mind)할 수 있는 인간으로 보았다.[18]

자유란 바로 인간과 현실의 다원성으로 인해서 생기는 세계의 사이

---

17 한나 아렌트/이진우 · 태정호 옮김, 『인간의 조건』 (한길사, 2001), 237.
18 이은선, "한나 아렌트 교육사상에서의 전통과 현대", 『생물권정치학 시대에서의 정치와 교육-한나 아렌트와 유교와의 대화 속에서』 (도서출판 모시는사람들, 2013), 106.

(間)에서 "새로 시작하는 힘"(the great capacity of men to start some-thing new)인 것이다. 이에 반해서 인간 조건의 다원성을 인정하지 않는 전체주의는 어떻게든 인간의 새로 시작할 수 있는 힘, 인간의 자유, 인간 존엄의 근거를 무용지물로 만들기 원하고, 거기서 인간 행위를 이끄는 원리들(principles)은 "초이념"(ideological supersense)으로 굳어져서 절대적 폭력으로 인간의 자발성과 활동성을 정지시킨다. 여기서 그녀는 지적하기를 고립에서 나오는 공포는 무력(impotence)에서 나오는 "힘에의 갈망"(thirst for power)이고, "불신"(mistrust)이며, "얼음처럼 차가운 계산"(ice-cold reasoning)이여서 인간의 다원성(human plurality)과 창발성은 용납되지 않고 세계는 황무지로 변하게 한다고 밝힌다.[19] "만약에 정치의 일, 궁극적으로 이 세상을 다른 사람들과 같이 나누는 것을 의미하는 일인 정치에 덜 참여할수록 폭력과 테러리즘에 대한 유혹은 더욱 커질 것이라는 사실"을 아렌트는 분명히 인식하고 있었기 때문에 현실 정치의 모든 폭력과 한계에도 불구하고 그녀는 다시 "정치의 약속"을 말한 것이다.[20]

　　오늘 한국 기독교와 교회의 모습에서 자아 중심주의적 전체주의의 속성을 많이 본다. 오로지 자신의 옳음과 의를 주장하며 타자를 인정하

---

19 Hannah Arendt, *The Promise of Politics*, ed., Jerome Kohn, Schocken Books, New York 2005, 69.

20 Elisabeth Young-Bruehl, *Why Arendt Matters*, yale university press, new haven & london, 2006, 52.

지 않고, 영원성에 대한 진정한 관심 대신에 맘몬주의에 빠져 있으며, 한번 세워진 교리와 교칙으로 사고와 행위에서의 창발성과 다원성을 억누르면서 자기부정과 자기절제는 일찌감치 한 꿈이 되어버렸다. 그런 교회가 보여주는 근본주의적 경직은 대단하여 많은 부작용을 몰고 온다. 그러나 "결정이 난 교리는 깊은 잠에 빠진다." "항상 존경되기만 했지 한 번도 토론되지 않은" 진리란 쉽사리 독단에 빠지고, 그런 방식으로 얻어진 신앙은 삶에서 참된 생활력과 실천력으로 자라지 못하고 선을 창출하지 못한다.[21] "상속될 뿐이지 선택한 것이 아닐 때" 그 신앙은 하나의 차가운 원리나 교리로 굳어져서 실천력을 잃어가며 점점 더 경직된 이론으로 변모해 간다. 왜냐하면 그러한 추종자들에게서의 신앙은 마치 그것이 정신에 외피를 씌어져 어떠한 다른 일체의 영향을 차단하는 차양 막이 되어서 자신들의 신조에 반대되는 논의는 들으려 하지 않고, 경험의 '해석'을 인정하지 않으면서 '근본'과 '안정'만을 외치도록 하기 때문이다. 오늘 한국교회가 다원성과 다름에 대한 배타와 혐오로 깊이 빠져있는 근본주의와 신학 없음의 폐해가 이와 다르지 않다.

3. 탄생성과 새로 시작하는 힘

이렇게 오늘 시대와 교회는 한편으로 근본주의적 자기 노예성에 빠져있지만, 그것은 다른 편에서 보면 '자기망각'과 같은 것이다. 자신 '탄

---

21 이은선 외, 『종교 근본주의-비판과 대안』 (도서출판 모시는사람들, 2011), 141 이하.

생성'(natality)의 근본 힘인 창발성과 창조성에 대한 망각으로서 반생명과 죽음의 경직과 폐쇄에 빠지는 것이다. 아렌트에 따르면 인간 탄생성의 핵심은 '(새로) 시작하는 힘'이다. 그리고 그것이 곧 우리 피조성의 핵심이다. 어거스틴의 언술을 따라서 "시작이 있기 위해서 인간이 창조되었다…. 이 시작은 모든 새로운 탄생을 통해서 보증된다. 참으로 모든 인간이 시작이다"라고 선언하는 그녀에 따르면,[22] 우리는 말과 행위로서 인간 세계에 참여한다. 이 참여는 우리가 서로 결합하기를 원하는 타인의 현존에 의해 자극받는다. 참여의 충동은 태어나서 세상에 존재하게 되는 그 시작의 순간부터 자연스럽게 세계에 대응하는 것이고, 그래서 '행위한다'(act)는 것은 가장 일반적인 의미로 '선수를 치다', '시작하다'(그리스어 archein)라는 것이다.[23]

이렇게 이 세상에서의 온갖 전체주의적 테러와 위협에도 불구하고 인간은 새로 시작할 수 있고, 정의와 인간적 사랑의 새로운 공동체를 함께 이루어나갈 수 있으며, 그래서 이 세계의 모든 현상적인 악과 한계에도 불구하고 절망하거나 포기하지 않고, 두려움을 극복하면서 용기있게 나갈 수 있는 시작의 근거를 탄생과 더불어 받았다. 그것이야말로 우리 소망과 신뢰의 그루터기가 된다. 오늘 한국교회 여성들이 자신의 피조성의 핵심이 이처럼 새롭게 시작할 수 있는 창발의 능력이라는 것을 깨닫고서 지금까지의 자기 폐쇄성과 자기 망각의 자리를 털고 일어

---

22 Hannah Arendt, *The Origins of Totalitarianism*, 479.
23 한나 아렌트, 『인간의 조건』, 237.

나야 하는 이유이다. 유사한 맥락에서 오늘의 세계시민적 탈근대 시대에는 신의 모습도 "자신 고유의 신"(der eigene Gott)을 지향한다고 독일의 사회학자 울리히 벡(Ulrich Beck)은 밝히는데, 그가 소개하는 '근본주의' 해석이 매우 흥미롭다. 그의 소개에 따르면 "근본주의란 아프기 싫어서 도망가는 것"이다.[24] 즉 근본주의란 지금까지의 자신이나 자신의 신조, 환경과는 전혀 다른 새로움과 다름과 마주하여서 그것을 참고, 견디고(관용), 용기를 가지고 새롭게 관계를 맺어나가는 일이 고통스럽고 괴롭고 싫어서 도망가는 일이라고 지적하는 것이다. 안정과 편안함만을 외치면서, 이 세상의 모든 안전과 저 세상에서의 영생까지도 여기서 한 번에 영구히 확보하려는 오늘 한국 기독교의 행태는 그런 의미에서 자기 노예성과 자기 아성에 빠져있는 나쁜 보수주의의 전형적 모습이다. 오늘 우리 시대에 요청되는 진실한 신앙이란 "희망을 잃는 것이 고통스러운 것이 아니라 희망을 잃을 수 없기 때문에 고통스럽다. 희망을 가진 자라서 고통스럽다"[25]는 것을 체인하면서 다름에 대한 관용과 더불어 참된 영원성에 대한 염려와 추구로 살아가는 것이어야 한다.[26] 한국교회, 특히 거기서의 많은 여성들이 여전히 우리 피조성의 근본인 창발성과 새로 시작할 수 있는 힘을 망각하고서 오랜 교조적인 교리와 신조들에 매몰되어 있는 것이 안타깝다. 오늘 우리가 세월호의 참사를 겪으면서 '가만히 있지 않겠습니다'라고 외친다면 이 구호는 우

---

24 울리히 벡/홍찬숙 옮김, 『자기만의 신』(도서출판 길, 2013), 106.
25 같은 책, 23.
26 Hannah Arendt, *The Origins of Totalitarianism*, 479.

리가 더 이상 과거의 잘못된 가부장주의적 교회 이해나 교리 적용에 굴복하지 않겠다는 선언도 되어야 한다. 특히 오늘날 한국교회에서 오히려 점점 더 가중되어가는 성차별적 성직제도의 운영에 저항하면서 새로운 성평등적 공동체와 대안적 기독론(구원론)의 구성을 위해 과감히 나서는 일도 포함되어야 할 것이다.

IV. 포스트모던 유교 영성과 聖의 평범성의 확대

이제 마지막으로 어떻게 우리가 이렇게 우리 삶과 희망의 초월적 근원을 말하면서도 그러나 그것이 동시에 다시 과거의 인습적 실체론적 신앙에 빠지지 않도록 하겠는가를 생각해 보고자 한다. 이것은 한국 기독교와 교회를 탈근대적 '포스트모던 영성'에로 초대하고자 하는 것이고, 그것을 특히 우리 유교 전통의 '삶'(살림)과 '일상'의 영성과의 대화를 통해서 시도해 보려는 것이다.

위의 아렌트나 울리히 벡의 경우에서도 보듯이 오늘의 탈근대 시대에 다시 인간 존엄과 윤리를 '탈유물론적'으로, 또는 '정신'과 '인격'에 근거해서 기초 지으려 한다고 해서 그것이 곧 어떤 개별적인 전통 종교의 배타적 언어에로 회귀하는 것을 의미하는 것은 아니다. 예를 들어 아렌트에게서 보면, 그녀가 서구 기독교 전통에 서있지만 인간 존엄과 그 윤리의 초월성을 밝히는 일을 더 이상 과거와 같은 과격한 성속(聖俗)의 이원론적인 구분 속에서 전통적 교회의 언어인 '하나님의 형상'(imago dei) 등의 배타적인 종교 언어로 하지 않는 것을 본다. 대신에 '탄생성'(natality)이라고 하는 지극히 보편적인 세속 언어를 통해서 그 일을 수행하고 있다. 이것은 이제 기독교 신앙이 전통의 폐쇄적인 성속의 구분을 넘어서 '하나님 나라'(聖)의 지경을 더욱 넓히고, '신의 직접성'의 통로를 보다 보편적으로 허용하면서 지금까지 소외되어 왔던 존재와 삶의 영역을 보다 근본적이고 획기적으로 나름의 '뜻'과 거룩의 영역으로 받아들이는 것을 의미한다. 즉 '聖의 평범성'의 확대를 말하는 것이다.[27]

1. 聖의 평범성의 확대

오늘 다원성과 세속화의 시대에 '악의 평범성'(the banality of evil)이 말해지고, '위험'의 보편성(위험사회)이 말해진다. 하지만 종교인과 신앙인으로서 나는 오히려 그보다는 우리 존재의 긍정성에 더욱 초점을 맞추고서 '聖의 평범성'을 말하고자 한다. 또한 특히 과거 서구 기독교 전통의 배타적 성속 이분적인 초월 이해가 오히려 오늘 인류문명의 물질주의와 경제제일주의를 불러오는데 결정적 역할을 했다고 본다면 그것을 넘어서는 다른 대안적 근대성, '제2의 근대성', 또는 '포스트모던' 영성의 구성이 시급하다고 보기 때문이다.

---

27 이은선, "종교문화적 다원성과 한국여성신학", 『한국 생물生物여성영성의 신학 - 종교 · 聖, 여성, 정치誠의 한 몸 짜기』(도서출판 모시는사람들, 2011), 29 이하.

오늘 세월호 참사의 발생에 있어서 정치와 경제뿐 아니라 종교도 핵심적으로 관여되어 있음이 드러났다. 특히 청해진 해운의 실소유주로 알려진 기독교 복음침례회, 소위 '구원파'는 언론의 집중적인 세례와 함께 사법적 책임의 제1 대상자로 주목받았다. 아무리 변명해도 용납되기 어려운 '종교'와 '경제'의 합병이라는 점에서 구원파가 우리 사회에 불러온 재앙은 분명 바로잡아져야 한다. 하지만 그것이 오늘의 聖의 평범성의 확대 시대에 지금까지 기성 교단에게만 용인되었던 '신의 직접성'의 경험을 그들도 주장하는 것 자체에 대한 근거 없는 비난과 억압이 되어서는 안 된다는 것이다. 만약 그렇게 되면 이번 세월호 참사에서 구원파의 경우에서 감지되듯이, 한국 기성 기독교 교회의 뿌리 깊은 근본주의와 배타주의가 오히려 정치그룹들로 하여금 쉽게 한 종교 그룹을 탄압할 수 있는 빌미를 주기 쉽고, 그래서 정치의 책임과 불의를 오히려 그 종교 그룹에게 모두 전가하는 일을 가능케 하는 것을 보기 때문이다.

구원파의 강력한 저항 과정에서 "김기춘과 특별한 유병언"이 이야기되기도 했고, "돌연 나타난 유병언 사체"로[28] 구원파에 대한 마녀사냥이 수그러들기는 했지만 이번 세월호 참사 속에서 드러난 한국 사회에서의 종교와 정치, 경제의 원칙 없는 유착과 거기서의 한국 기독인들의 저급한 의식주준은 매우 위험스럽다. 지성과 상식이 무시되는 종교의식과 정치의식의 폐해를 이번 세월호 참사에서 여실히 경험하기 때

---

28 KAIST 곽동기 박사, 같은 책, 190.

문이다. 한국 기독교의 근본주의적 폐쇄성과 독단주의 안에서 이번 일은 우연히 구원파라고 하는 한 '이단시비'의 기독교 종교그룹과의 관계에서 일어났지만 지금까지 한국 기독교 역사에서 '여성' 종교지도자들의 카리스마 운동이 거의 뿌리를 내리지 못한 것도 이와 유사한 이유인 것을 지적할 수 있다.29 즉 한국교회의 견고한 가부장주의적 배타주의와 근본주의는 여성들의 카리스마를 인정하지 않고, 여성들에게는 신의 직접성의 체험을 용인하지 않는다는 점에서 聖의 평범성의 확대를 방해해 왔다고 할 수 있다. 세월호 참사의 초기 대응에서 국민들의 시선을 구원파라고 하는 한 종교그룹에로 몰고 갈 수 있었던 것도 바로 그러한 한국 기독교의 과격한 근본주의 때문에 가능했던 일이라고 생각한다.

2. 포스트모던 신유교 영성과의 대화

그런데 여기서 나는 앞에서 서구 기독교 전통 내에서의 대안 영성으로 언급한 니콜라이 베르댜예프나 한나 아렌트, 울리히 벡 등의 서구 기독교 전통에서 나온 포스트모던 대안 영성보다도 동아시아 신유교 전통에서 나온 유교 영성의 언어가 오늘날 우리가 요청하는 존재의 탈근대적, 포스트모던적 초월성을 더 잘 지시해줄 수 있다고 말하고자 한다. 왜냐하면 유교는 오늘날 서구 기독인들이 대안적으로 찾고자 하는

---

29 우혜란/서강대 종교연구소 엮음, "한국 여성 종교지도자들의 '카리스마' 연구", 『한국 여성 종교인의 현실과 젠더 문제』 (동연, 2014), 345 이하.

"외부적으로는 최소한으로 종교적이면서도 내면적으로는 풍성하게 영적인" 포스트모던 영성을 충실히 담지하고 있는 것으로 보이기 때문이다.[30] 다시 말하면 유교 영성은 오늘 우리 시대에 긴급하게 요청되는 '聖의 평범성의 확대'를 더욱 포괄적이고 보편적으로 가능하게 한다는 의미이다.

일반적으로 유교는 종교가 아니고 단지 정치이론이나 도덕윤리관일 뿐이라고 말해져왔다. 하지만 유교는 세계의 만물이 '하늘'(天)로부터 연원되어 있다는 것을 아주 오래전부터 밝혀 왔고(天生烝民, 有物有則, 『詩經』「大雅」), 공자의 인간에 대한 믿음과 이 세상의 가능성에 대한 믿음은 그의 하늘에 대한 믿음이 없이는 불가한 것임을 누누이 강조해왔다(子曰, 不怨天, 不尤人, 下學而上達, 知我者 其天乎. 『論語』「憲問」, 37). 그가 '하학이상달'(下學以上達: 낮은 것을 배워서 높이 올라감)과 '능근취비'(能近取譬: 가까운 것을 들어서 다른 사람의 요구를 이해하는 법)를 말하면서 여기 지금의 이곳에서 도를 실현하고자 하는 추구는 그런 의미에서 단순한 무신성이 아니라 초월의 급진적인 내재화와 聖의 평범성의 확대를 의미하는 것으로 볼 수 있다.[31] 즉 일종의 '세간적 종교성'(secular religiosity)을 말하는 것이다. 그러한 유교의 급진적인 내재화는 그리하여 이 세상의 만물을 서로 관계 맺게 하는 일에 더욱 관심

---

30 Charles Taylor, *A Secular Age*, The Belknap Press of Harvard University Press, 2007, 535.

31 이은선, 『잃어버린 초월을 찾아서 - 한국 유교의 종교적 성찰과 여성주의』(도서출판모시는사람들, 2009), 58 이하.

하고 몰두해 왔다(仁, 德). 그래서 기독교 영성이 개인과 자아의 자유와 독립에 깊게 관심하는 대신에 유교 영성은 이 세상에서 살아가는 일에서의 상대와의 '관계맺음'(禮)과 '구별'(別)과 '차례'(序)에 천착해 왔다. 이후 전개된 신유교 영성은 인간 생명성(生之性)의 핵심으로 '仁'을 들면서 그것을 "천지가 만물을 낳고 살리는 우주적 원리와 마음"(天地生物之理/心)으로 이해해 왔다. 또한 바로 그렇게 모든 인간이 태어날 때 본마음으로 부여받는 생명력인 仁을 자라게 하는 길이란 다름 아닌 '다른 사람과의 관계'(公)라는 것을 줄기차게 강조해 왔다(公者, 所以體仁, 퇴계, 『聖學十圖』, 仁說圖). 오늘 자기 중심주의와 자기 망각에 빠져있는 한국 기독교가 가까이에 있는 이러한 유교적 다름과 그의 세간적 포스트모던 영성에 스스로를 개방할 때 얻을 것이 많다는 것을 여기서 잘 알 수 있다.[32]

앞에서 지적한 대로 오늘 한국 사회의 자본주의는 한국인들의 삶을 "사탄의 맷돌"처럼 갈아먹고 있다. 세월호 참사는 그 와중에서 인간 생명과 주변의 존재를 사적 개인들의 부의 축적과 무한정한 성공과 성취를 위해서 모두 갈아먹는 21세기형 제국주의의 변종으로 볼 수 있다. 그렇다면 이제 어떻게 우리가 다시 주변의 만물을 '나'와 '부귀'와 '성공'을 위한 도구가 아니라 그 안에 스스로 존재에의 요구와 권리를 담지하고 있는 참 생명(生)으로 알아볼 수 있을까가 관건이 된다. 어떻게 하면

---

32 이은선, 『한국 생물生物여성영성의 신학 – 종교 · 聖, 여성, 정치誠의 한 몸 짜기』.

우리가 '오래된 것'(長)과 '지속적인 것'(親)의 소중함을 알아보고 그것을 한 토대로 삼고서(信) 서로 믿고 살아가는 인간성(仁)을 다시 회복할 수 있을까? 맹자는 서구의 정의 개념과는 많이 다른 의식에서 "오래된 것을 존숭함"(敬長)을 인간 도리인 '의'(正義)로 보았다. 즉 오늘의 자신이 있기까지 수고해주고 토대가 되어준 과거에 대한 존경과 인정을 현재 삶을 인간답게 만들어주는 근거와 토대로 본 것이다. 오늘 눈에는 뚜렷이 보이지 않지만 그리고 현재에는 쇠약해지고 힘이 빠져서 한없이 약한 존재가 되었지만 그 보이지 않는 것과 약하고 오래된 것을 존중하고 귀히 여기는 마음이 없이는 오늘의 삶이 온통 드러난 힘의 각축장이 될 것임을 간파했기 때문이다.

이러한 이해의 맥락에서 세월호 침몰에서와 같은 아주 긴박한 상황이었기 때문에 물론 다르게도 생각해 볼 수도 있지만, 나는 아이들이 평소처럼 어른들의 말을 '믿고' 그들의 지시에 따라 자신의 자리를 지키고 있었고, 자신이 움직이면 다른 사람들에게 "피해가 갈까봐"(羞惡之心) 무섭고 떨렸지만 함께 자리를 지키고 있었던 그 마음에 대해 다른 해석을 해보고자 한다. 즉 가만히 있는 그 마음을 당시의 모든 언론과 평가가 말하듯이 단순히 잘못된 교육과 문화의 결과로 볼 것이 아니라 오히려 믿으라고 말을 해놓고 그 말을 지키지 않은 기성세대의 거짓과 불성실이 더 큰 원인이었고, 그 어른들과는 달리 단원고 아이들 속에는 그래도 그 혹독한 학창의 삶에도 불구하고 순진무구한 인간적 마음(仁)과 타인에 대한 배려의 마음(恕)이 있었고, 가만히 있었던 것은 그 마음의 표현이 아니었을까 하는 것이다. 그래서 그 믿음은, 인간 행위의 가장 고유한 표현인 '믿을 수 있고' '약속할 수 있는' 마음의 흔적이라고 보고, 그래서 바로 그 마음속에서 우리 시대의 신뢰의 그루터기, 믿음의 근거를 찾아야 하는 것이 아닐까 생각해 본다. "○○아! 내 구명조끼 얼른 네가 입어!", "물이 차오른다. 빨리 나가. 너희 다 구하고 나도 따라갈께!", "누나는 너희 다 구하고 나중에 나갈게. 선원이 마지막이야", "통장에 돈이 좀 있으니 큰아들 학비 내라. 난 지금 아이들 구하러 가야 해. 길게 통화 못해. 끊어…"[33]라는 말들을 하면서 그들은 죽어갔다.

그런데 여기서 한 가지 더 지적하고 싶은 것은, 그러한 마음을 길러 준 곳이 학교라기보다는 오히려 그들의 '가정'과 '가족'이 아니었을까 하는 것이다. 모든 그럼에도 불구하고 그들 엄마들의 '사랑'과 '모성'이 그 아이들의 믿을 수 있는 능력과 서로 배려할 수 있는 평상심을 키운 것이 아닐까 라는 물음이다. 어떤 제도적인 종교 단체에서의 활동이나 지식적인 가르침보다도 '지속적으로', '일상의 삶'에서 어린 시절로부터의 친밀과 사랑의 관계 속에서 그러한 생명존재의 '근본 힘'(仁之本, Grundkraft)이 길러진 것이 아닌지, 그것이 바로 우리가 부인해 버릴 수 없고, 또한 그래서도 안 되는 오랜 한국적 유교 영성의 선한 흔적이 아닌지 생각해 본다는 의미이다.

---

33 〈한겨레〉 2014.5.13, "한겨레 참사 인물 극과 극".

V. 마무리하는 말: 한국적 삶 정치의 약속

당시 사건의 와중에서 한겨레신문이 창간 26주년을 맞이하여 도정일 교수의 '책읽는사회문화재단'의 주도로 "이 시대 한국인이 읽어야 할 고전"을 선정했다. 거기에 들어간 버지니아 울프의 『3기니』에 대한 소개를 보면, 그 내용은 1938년 제국주의 시대의 파산으로 제2차 세계대전의 암운이 짙게 깔린 1938년 영국에서 전쟁 방지와 평화 증진을 위한 인류 보편의 과제를 위해서 여성들이 어떻게 남성들과는 다른 방식으로 대처하는지에 대한 작가의 생각을 말하고 있다. 『3기니』는 한 여성이 전쟁 방지를 위한 활동에 기부금을 내달라는 어느 신사의 편지를 받고 그에게 보내는 긴 답장이다. 거기서 여성인 '나'는 신사의 대의에 공감하며 1기니를 조건 없이 기부하기로 결정한다. 하지만 그 여성은 그 전에 '여자대학'의 증축과 여성의 직업 마련에 각각 1기니를 기부하는 것이 더 근본적인 전쟁 방지책인 것을 밝힌다. 울프는 여성이 정신의 '자존'을 지키며, 특권을 가지려는 자를 '비웃'고, '거짓을 배제'하며, '청빈한 삶'을 사는 것이 그들이 따라야 하는 가치임을 강조한 것이다.[34]

오늘 세월호 참사를 당하여 특히 교회 여성으로서 '가만히 있지 않겠습니다'를 외치는 일은 먼저 지금까지의 '자기 망각'에서 속히 벗어나서 자신 속의 창발성에 대한 믿음으로 예를 들어 교회에 내는 십일조의 일부를 우리 사회와 교계의 어려운 여성단체들에게 돌리는 일이라든

---

34 〈한겨레〉 2014.5.15, "이 시대 한국인이 읽어야 할 고전".

가, '聖의 평범성'과 '신의 직접성'과 우리 자신 안의 '새로 시작할 수 있는 탄생성'에 대한 믿음으로 자신을 '주부-철학자'(denkende Hausfrau)나 '주부학자'로 성장시키는 일, "언어로 흔들지 않는 한 세상은 한 치도 나아가지 않는다"라는 지적대로 스스로가 자신의 성찰과 더불어 말을 부릴 줄 아는 사람으로 거듭나는 일, 이러한 일들을 나는 우선적으로 제안하고 싶다. 앞의 베르댜예프는 "이 세상에 종교적이고 정치적인 것이 인간적이고 단순한 것으로 전환되기까지 자유는 없을 것이다"라고 한 러시아 사상가 헤르첸의 말을 인용하였다.

그런 맥락에서 "전병욱 악몽 깨고, 세월호 침묵 깨는 '소심한' 아줌마"라는 뉴스앤조이의 기사는 참사가 있은 후 서울의 한 지하철역에서 '세월호 참사 진상 규명 서명운동'이라는 문구가 보이는 피켓을 들고 시민의 참여를 외치는 삼일교회의 한 여성 집사를 소개했다. 그녀는 정치적 시위라든가 하는 것을 전혀 몰랐던 평범한 엄마였다고 하는데, 그런 그녀가 자신의 교회에서 목사가 여신도를 성추행하는 사건이 불거졌을 때 당시 다른 목사들과 장로들은 "가만히 있으라 우리가 알아서 하겠다"라고 하면서 전 목사를 비호하고 문제를 덮으려 했지만, 그때 그녀는 깨달았다고 한다. 잘못된 일을 보고 침묵하면 상황은 나아지지 않을 뿐더러 오히려 주변 사람들의 피해를 방관하는 꼴이 된다는 것을. 그래서 세월호 참사를 보면서도 같은 생각이 들어서 두 아이를 키우는 엄마로서 가만히 지켜볼 수가 없어서 거리로 피켓을 들고 나왔다고 했다. 기자는 그녀의 카톡 프로필에 적힌 다음과 같은 글귀가 특히 눈에 들어왔다고 한다. 즉 단테의 말로, "지옥의 가장 뜨거운 자리는 도덕적 위기

의 시기에 중립을 지킨 자들에게 예약되어 있다"라는 것이다.[35]

밀양 송전탑 싸움의 리더 이계삼 씨는 "잠시 멈춰서자"의 외침을 세월호 이후 한국교회의 새로운 삶정치의 출발점으로 삼자고 제안했다:

밀양 송전탑 싸움을 통해 내가 얻은 가장 큰 학습은… 가장 중요한 것은 정치이며, 그 정치는 저들을 향한 청원이 아니라 우리들 스스로를 엮어 세우는 방향으로 귀결되어야 한다는 중요한 진실을 나는 배웠다.[36]

여기에 더해서 나는 조국 인도의 독립과 자치를 위해서 일생을 바친 마하트마 간디가 그 일생의 실험을 통해 정치와 종교의 관계에 대해서 깨달은 다음과 같은 지혜를 덧붙이고자 한다:

나는 정말로 어떤 의심도 없이―비록 커다란 겸손함 가운데서지만― 말할 수 있는 것은 종교가 정치와 아무런 관계가 없다고 말하는 사람은 종교가 무엇인지를 아무것도 모르는 사람이라는 것이다.[37]

---

35 http:m.newsnjoy.or, 2014.05.21.

36 〈한겨레신문〉, 2014.05.09.

37 M. Gandhi, *Mein Leben*, Suhrkamp Taschenbuch Verlag, 1983, 258, 이은선, "마하트마 간디 사상의 포스트모더니즘적 조명 - 그의 비폭력운동의 동양적, 여성적, 교육적 성격에 관하여", 『포스트모던 시대의 한국 여성신학』 (분도출판사, 1997), 336.

사실적 진리와 정의
그리고 용서의 관계에 대하여*

I

    일찍이 플라톤은 한 사회의 공정성과 정의의 정도를 판가름할 수 있는 하나의 잣대로 그 사회에서 법률가와 의사의 직업이 얼마나 선호되고 성업을 이루는가를 들었다. 즉 법률가와 의사가 선호되고 있다는 것은 사회적 삶이 공정하지 못하고 정의롭지 못하여 분쟁이 많이 일어나고, 너무 많이 가졌거나 너무 적게 가져서 생각이 많고 억울한 사람들,

---

* 이 글은 원래 2014년 6월 기독교 월간잡지 〈새가정〉의 특집을 위해서 쓴 글인데, 2015년 1월 이정배와 함께 출간한 『묻는다, 이것이 공동체인가』에 수록되었던 것이다.

사실적 진리와 정의 그리고 용서의 관계에 대하여 | 49

너무 많이 먹거나 먹지 못해서 병든 사람들이 많아서 법률가와 의사의 수요가 점점 더 요구되는 사회라는 지적이다. 오늘 우리 사회에 꼭 적용되는 서술이라고 생각한다.

II

오늘 우리 주변에 억울한 사람들이 너무 많다. 세월호 참사의 304명은 말할 것도 없고, 단지 국내뿐 아니라 전 세계적으로 하루가 멀다 하고 대형 참사와 전쟁, 학살이 끊이지 않아서 거기서 쌓이는 분노와 억울함, 절망감이 크다. 이러한 일은 이제 단지 어떤 개인들이나 이익단체에 의해서만 야기되는 것이 아니라 국가도 자국민을 상대로 학살을 일으키고, 세계 정치나 외교에서도 정의와 공평, 선함이나 인간적 호혜는 거의 사라진 지경이니 21세기 인류 문명의 위기를 말하지 않을 수 없다.

근대 부르주아 국가가 본격적으로 시작되는 시점에서 홉스는 그의 『리바이던』에서 힘이 약해서 억울하게 살해당할 위험에 대한 최소한의 보장으로 국가 권력에게만 독점적으로 살해권을 양도하는 국가의 탄생을 이야기했다. 당시 이 비관적인 국가관에도 국가만은 불의하게 함부로 살인을 하지 않을 것이라는 믿음이 들어 있었는데, 오늘은 그 국가와 또한 국가들의 모임인 국제 정치에서도 체면으로라도 정의와 공평함을 서로의 관계맺음의 제일 원리로 삼는 나라가 사라지고 있으니 민중과 약한 나라와 지구 문명 자체는 호소할 곳이 없다.

III

상황이 이러하니, 아니면 더 어이없는 일로서, 요사이 용서나 화해에 대한 이야기가 많이 회자된다. '진실과화해위원회'의 이름이 자주 거론되고, 정의와 공평이나 악과 근본악 등에 대한 이야기가 많이 들린다. 일찍이 예수는 용서할 줄 모르는 종의 비유 이야기 속에서 "일곱 번까지가 아니라 일곱 번을 일흔 번까지라도" 용서하라고 하셨고, 또한 포도원의 품꾼들 이야기에서는 찌는 더위에서 온종일 수고한 사람에게나 한 시간밖에 일하지 않은 사람에게도 똑같이 대우해주는 '이 마지막 사람에게도'(unto this last)의 호혜를 가르쳤다(마 20:14).

하지만 오늘날에도 우리 삶에서 이러한 이야기가 그대로 적용될 수 있을까? 오늘의 현실은 용서와 화해를 오히려 힘 있는 자들이 더 많이 말하고, 세계 신자유주의 경제원리가 이렇게까지 퍼진 마당에서 예수의 '이 마지막 사람에게도'는 어쩌면 힘들고 지친 세계 다국적 노동자들에게는 오히려 기운 빼는 이야기로 들릴지 모른다.

IV

서구 여성정치철학자 한나 아렌트는 인간 행위의 고유성을 가장 잘 담지하고 있는 두 가지 행위로 '용서하는 일'과 '약속하는 일'을 들었다. 인간 행위는 한 번 하고 나면 다시 주워 담을 수도, 없던 것으로도 할 수 없으므로 그러한 인간 행위의 환원 불가능성이야말로 용서를 요청하는 것으로 이해한 것이다. 만약 용서가 없다면 어느 누구도 그 냉혹한 과거의 결정론에서 벗어날 길이 없기 때문이다.

하지만 그 용서는 혼자서 할 수 있는 행위가 아니다. 하늘로부터건, 타인으로부터건 그것은 '관계성' 속에서 일어난다. 물론 스스로를 용서한다는 말도 있다. 그럼에도 그 말도 그 안에 인간 존재란 스스로 안에 또 다른 자아를 가지고 있어서 그것을 양심이라고 해도 좋고, 영(靈)이라고 해도 좋으며, 더 큰, 또는 더 깊은 사유나 이성이나 직관이라고 해도 좋지만 모두 인간은 '하나 속의 둘'(two-in- one)의 존재라는 것을 지시하면서 용서는 여전히 관계의 문제인 것을 드러낸다. 즉 스스로의 용서라 할지라도 용서란 자신 안의 본래성이 회복되는 것을 말하고 그것을 통해서 자연스럽게 다시 인간다운 행위가 회복되는 것을 뜻하므로 그러한 진정한 자신과의 대화에서 나오는 정의로운 행위가 없고서는 용서받았다는 말을 쉽게 할 수가 없다는 것이다.

용서란 그렇게 자기 자신과의 관계든 타인이나 하늘과의 관계든 진정으로 수행된다면 관계가 회복되는 것을 말한다. 관계가 회복된다는 것은 상대의 존재성을 무제약적으로 내가 함부로 할 수 없는 '의미'(聖)로 받아들이는 것을 말하고, 그래서 한편이 억울하고 불의하게 거짓이나 폭력으로 짓밟히지 않는 것을 말한다. 그것은 과거에 불의 때문에 깨어졌고 왜곡되었던 관계를 다시 시작할 수 있는 기회를 주는 것이며, 피해자는 그래서 그 잘못된 과거를 이제 지나가게 하면서 불의한 과거 때문에 도저히 인정해줄 수 없었던 가해자의 '현재'(present)를 다시 '선물'(present)해주는 것이다.

V

그렇게 용서는 과거의 사실을 용납해주는 마음의 일이다. 그런데 마음의 일로서의 용서는 과거와 관계하는 사유이기 때문에 그 과거가 자꾸 흔들리면, 즉 과거의 '사실'(fact)이 자꾸 감춰지거나 조작되거나 분명하지 않을 경우 잘 이루어지지 않고 진정성을 획득하기 힘들다. 다시 말하면 용서가 가능해지려면 피해자가 과거에 대해서, 비록 그것이 고통스럽고 다시 생각하기조차 싫은 일이라고 하더라도 무엇이 '진실'(truth)이었는지를 분명히 알 수 있어야 하고, 무엇이 실제로 사실이었고, 왜 그런 일이 일어났는지 하는 것 등에 대한 사실적 토대에 근거한 판단을 할 수 있어야 한다는 것이다.

그런데도 가장 두드러진 예로서 일본의 한국 정신대 문제와 같은 과거사에 대한 태도라든가 오늘의 세월호 참사의 경우를 보면 정치는 '사실적 진리'(factual truth)에 적대감을 가지고 그것과 심하게 충돌하면서 과거의 사실을 여전히 힘과 권력으로 조작하고, 감추고, 변형시키고자 한다. 그렇게 해서 피해자의 판단과 사유를 흔드는데, 그럴 경우 말로는 용서와 화해를 말하지만 그것들이 진정성 있게 다가오지 않고, 그래서 참된 용서와 화해가 일어나지 않는다. 즉 용서를 불가능하게 하고 관계의 회복도 요원하게 만든다는 것이다.

VI

아렌트의 「진리와 정치」(Truth and Politics)에 따르면 국가에서 환영받지 못하는 사실적 진리는 정치에 의해서 심한 냉대를 받아왔고, 그래서 늘 국가적 기밀이 있어왔다. 그런데 그것보다 더 혼란스러운 점은 자유로운 국가에서 그것이 용인된다 하더라도 그것이 쉽게 '의견'(opinions)으로 둔갑되어서 혼동을 불러일으킨다는 것이다.[1]

과거 한국 사회에서 독재자 시대의 언론의 탄압, 요즈음 난무하는 각종 종편방송과 SNS, 신문들 속에서 무한대로 의견들로 둔갑되는 사실적 진리들, 우리는 정말 자괴감을 느끼지 않을 수 없다. 특히 이번 세월호 사건 속에서 그와 같은 정도로 사실과 정치가 충돌하면서 진리가 조작되고 의견으로 환원되는 것을 겪으면서 과연 이 사건 이후에도 우리 사회에서 사유가 가능할 수 있을지, 도대체 어디에 근거해서 우리가 생각을 다시 시작할 수 있을지 강한 의구심과 자괴감이 든다.

그렇게 우리 삶에서 기초적인 정보를 제공하고, 그래서 우리의 판단을 방향지우고 토대를 제공하는 사물의 진리가 의도적으로 왜곡되고 수천 가지 의견으로 변형될 때 우리 삶에서의 용서의 행위는 물론이려니와 어떤 인간적 행위도, 관계맺음의 일도 가능할 수 없다. 공론 영역에서 말과 행위의 진실성과 위대성을 보장하는 바른 정치의 일이란 그런 의미에서 인간 세계의 "생명줄"(lifeblood)이라고 했다. 오늘 우리

---

1 한나 아렌트/ 서유경 옮김, "진리와 정치" 『과거와 미래사이』 (푸른 숲 2005), 304-353쪽.

사회의 생명줄이 끊어지고 있는 것이다.

VII

이런 가운데 예수의 '일곱 번의 일흔 번까지라도'의 권고를 다시 생각해본다. 그리고 그것은 오늘날처럼 그렇게 사실적 진리가 총체적으로 조작되고 파괴되지 않던 시절의 권고가 아니었을까 나름대로 반추해본다. 가해자에게나 피해자에게나 모두 공통으로 인정되는 삶과 사유의 기초적인 사실적 토대가 유지되던 시절이었으므로 그의 요구도 그와 같은 정도로 급진적이지 않았을까 헤아려본다. 그에 비해서 오늘날은 그 사실적 진리가 정치뿐 아니라 사법과 언론, 과학과 예술, 대중적 조작을 통해 한없이 위협받는 상황인 것을 생각해보면 그 말이 결코 하나의 건조한 교리 언어로 반복될 수 없다는 것을 알게 된다.

예수보다 5백여 년 앞섰던 시기에 공자는 그보다 훨씬 더 완화된 답을 주었다. 공자에게 한 제자가 "원망(불의)을 덕으로 갚는 것은 어떻습니까?"(以德報怨, 何如)라고 묻자, "그러면 덕은 무엇으로 갚겠는가? '원망'은 '직'(直: 정직 또는 정의)으로 갚고, '덕'은 '덕'으로 갚는다"(何以報德. 以直報怨, 以德報德 - 『논어』「憲問」36)라고 대답하였다. 즉 여기서 직(直)이란 사실적 정직한 대면, 관계를 다시 회복하고 용서할 수 있도록 진실을 밝히는 일이라고 할 수 있는데, 원망과 원통함을 끼친 관계에서의 회복은 그렇게 상황의 진실을 밝히는 일이 무엇보다도 중요하다는 가르침이겠다. 그런 의미에서 공자도 정치와 진리, 용서와 사실의 관계를 다시 한번 잘 지적해주었다고 할 수 있다.

VIII

인간 세계에서 사실적 진리는 이렇게 하나의 신념보다도 더 간단히 권력의 공격을 받고서 상실되기 쉽다. 또한 사실적 진리도 의견과 마찬가지로 결국 인간의 승인에 달려 있는 것이므로 의견처럼 자명하지 않을 수 있다. 하지만 그럼에도 불구하고 "사실은 완고성에서 권력보다 우월하다." 즉 사실은 과거의 실재이기 때문에 우리 현재의 행위에 그렇게 개방적이지 않고, 그런 의미에서 그것의 안정성은 우리가 마음대로 접근할 수 없는 차원이고, 의견과는 달리 "고집스럽게 존재함으로써 자신을 천명"한다는 것을 잊지 말아야 한다. 다시 말하면 그것은 인간적 합의와 동의 너머에 존재한다는 것이다.

그러므로 온갖 거짓과 의견과의 경계 허물기를 통해서 그것을 사라지게 하고 조작할 수는 있지만, 그 "존재함으로써"(thereness) 가지는 사실적 완고성을 일관된 거짓말로 교체한 결과는, 인간 사회에서 거짓말이 진리로 수용되고 진리가 거짓으로 폄하되는 일보다 더 심각하게, 바로 실재를 읽어내고 거기서 의미를 찾아내는 사람들의 감각과 능력이 훼손되어가는 일이라고 아렌트는 강하게 경고한다.

즉 용서는 말할 것도 없고 어떤 인간적인 행위나 그것을 통해서 미래를 구상해낼 수 있는 능력, 다르게 말하면 우리 삶을 계속할 수 있는 근원적인 생명력이 고갈되는 것을 말한다. 이처럼 인간 삶의 부인할 수 없는 조건인 '과거'를 마치 '현재'의 일부분인 것처럼 마구 다루면서 그 존재가 가지는 완고성을 거짓과 조작으로 훼손하려 할 때는 그의 '미래'도 함께 날아가 버리는 것을 알 수 있다.

　오늘 세월호 참사에 대처하는 한국 정부의 방식은 이미 일어난 사실적 진리의 완고성에 대한 인정과 존중 대신에 그것을 자신의 의도와 목적대로 마음대로 사용하고 처리할 수 있다고 생각하면서 그 인간 공동 삶의 토대를 부수어버리는 처사이다. 하지만 과거의 사실은 그 완고성에서는 권력보다 우수하다. 그리고 과거가 없이는 우리의 현재와 미래도 없다는 것을 인정해야 한다. 그런 의미에서 맹자가 그의 「진심」(盡心) 장에서 서구의 공평 개념보다 훨씬 더 긴 안목으로 정의를 '경장'(警長), 오래된 것을 존숭함, 과거를 소중히 함, 웃어른을 공경함으로 제시한 것은 의미 깊다. 그 경장으로서의 의(義)를 그는 "인간적 삶의 길"(人路)이라고 했다.

IX

　"진리는 그 자체에 강제의 요소를 포함한다."[2] 용서는 관계 안에서 일어나는 것이며, 그래서 그 관계가 일방적으로 한편의 거짓된 의도로 왜곡될 때는 우리의 마음이 그것을 받아들이고 싶어도 잘 되지 않는다. 오늘날은 정치뿐 아니라 사법, 대학의 전문가, 과학, 언론, 예술 등 온갖

---

2 같은 책, 330쪽

영역에서 총체적으로 사실이 왜곡되고, 과거가 마음대로 침범되기 때문에 우리 판단의 기준이 될 수 있는 '불편부당'(不偏不黨)한 판단을 만나기가 참으로 어렵다. 그러나 "인간은 자기 안에 결코 떼어놓을 수 없는 파트너를 데리고 있고", 그 떼어놓을 수 없는 또 다른 자신과의 대화가 바로 우리 마음의 사유(性理)이기 때문에 사실적 진리의 취약성은 그럼에도 불구하고 바로 그 사유를 계속하는 사람들과 함께 극복된다. 이 믿음이 인간에 대한 믿음이고, 우리 창조성에 대한 신뢰이다.

예수의 래디컬한 용서의 요구, 일곱 번의 일흔 번까지의 요구는 어쩌면 그런 인간에 대한 깊은 신뢰의 표현인지도 모르겠다. 즉, 인간은 모든 그러함에도 불구하고 왜곡과 거짓을 넘어서 무엇이 옳고 그른지를 구별해내고 판단해낼 수 있는 마음의 능력을 가지고 태어났다는 것, 그래서 그 인간의 '탄생성'(性, natality)을 믿는 믿음의 눈으로 상대가 아무리 잘못을 했더라도 그것이 그의 모든 것이 아니라는 것을 알아채고, 그래서 그에게 다시 한번 새로운 미래를 선물하라는 것일 것이다. 그렇게 결국 우리의 용서할 수 있는 힘은 미래를 내다볼 수 있는 능력, 그래서 그 미래와 더불어 약속할 수 있는 능력과 긴밀히 연결되어 있고, 그것은 모두 하늘로부터 거저 받은 것이니 우리는 은총으로 구원받는다는 것을 고백하지 않을 수 없다.

X

그것은 은총이지 나의 공적이나 업적이 아니다. 그것은 존재 이상의 업적(행위)이나 그 행위의 많고 적음의 양에 관련된 것이 아니라 온전히 태어남의 은총으로 얻는 것이다(性卽理/心卽理). 이 인간 탄생성에 대한 믿음이 우리를 의롭게 한다. 그것은 존재와 더불어 있는 것이므로 바울의 언어로 하면 율법이나 행위가 아니라 믿음과 은총으로 의롭다 함을 입은 것이다.

'믿음'(信)은 그런 의미에서 우리 생명력의 핵심이고 창조적 에너지의 정수이다. 이 믿음 속에서 용서와 정의의 행위와 삶이 흘러나오는 것이므로 '믿음과 행위', '용서와 진리', '정치와 사실적 진리'는 결코 둘이 아니고 이분될 수 없다. 그러므로 덕은 덕으로 갚고, 원망은 정직으로 갚으라는 공자의 가르침과 예수의 일곱 번의 일흔 번까지의 용서의 요청은 그 급진성에도 불구하고 여전히 우리에게 도전해오고, 거기에 걸려 넘어지지 않는 사람과 시대는 복이 있다.

세월호 참사, 神은 죽었다.
나의 내면의 神은 이렇게 말한다*

예수께서 성전에서 가르치실 때에, 이렇게 말씀하셨다. "어찌하여 율법학자들은, 그리스도가 다윗의 자손이라고 하느냐? 다윗이 성령의 감동을 받아서 친히 이렇게 말하였다. '주님께서 내 주께 말씀하셨다: 내가 네 원수를 네 발 아래에 굴복시킬 때까지 너는 내 오른쪽에 앉아 있어라.' 다윗 스스로가 그를 주라고 불렀는데, 어떻게 그가 다윗의 자손이 되겠느냐?" 많은 무리가 예수의 말씀을 기쁘게 들었다(마가복음

---

* 이 글은 원래 2014년 11월 21일 한국여신학자협의회가 주관하고 〈세월호 아픔에 함께하는 기독여성연대〉가 주최한 '세월호 아픔에 함께하는 그리스도교 여성 토론회'에서 발표한 글이다. 당시 한국 여성신학자들은 세월호 참사를 맞이하여 '기독여성연대'를 구성하여 함께 포럼도 열고 유족들과의 만남을 이어갔다.

12:35-37).

그러나 사실은 인간적인 행위를 통해서 비로소 이루어지는 것이다(루돌프 슈타이너, 『자유의 철학』).

I. 시작하는 말

지난 2014년 4월 16일 대한민국 서해안 진도 앞바다에서 일어났던 세월호 참사가 이제 잊지 못할 수많은 장면들을 남겨놓고 시간 속으로 들어가고 있다. 세월호는 어느 누군가에게는 이제 그와 더불어 그 모든 이후가 끊어진 대폭발일 수 있고, 다른 누군가에게는 그저 또 하나의 사건사고일 수 있다. 비교적 최근의 잊을 수 없는 한 장면은 10월 29일 박근혜 대통령이 국회 시정연설을 위해서 국회 본관을 찾았을 때의 일이다. 대통령은 빨간 카펫 위를 다른 국회위원들과 수많은 경호원들의 호위를 받으며 웃음 띤 얼굴로 걸어가고, 그 가장자리에서는 그런 그녀를 향해서 세월호 엄마들이 피켓을 들고 "대통령님 살려주세요"를 목청껏 외친다. 하지만 그렇게 추운 밤을 지세우고 마주친 그 장면에서 대통령이 자신들의 외침에 눈길 한 번 주지 않고 지나가자 한 어머니는 피켓 뒤에서 절망하며 고개를 숙이고 굵은 피눈물을 쏟는다. 그 장면을 잊을 수 없다. 어떻게 그렇게까지 엇나갈 수 있을까? 어떻게 그렇게 까지 매몰차게 외면할 수 있을까? 같은 여성이고, 같은 대한민국 사람이고, 같은 시대의 사람들이며 같은 인간인데…. 글을 쓰면서도 다시 그 장면이 떠올라 또 눈물이 흐른다. 양쪽 모두로 인해서.

아무리 죽을힘을 다해서 외치고, 눈물을 쏟고, 심지어는 죽기까지 곡기를 끊고서 항변하고, 있는 힘을 다해서 삼보일배하고, 십자가 행군을 해도 듣지 않고 보지 않고 돌아보지 않는 사람들이 있다. 사건이 있다. 때가 있다. 그러나 그렇다고 해서 그런 '체제'의 불가능 앞에서 우리 '삶'이 불가능하다고 놓아버릴 수는 없다. 특히 엄마들은 그렇다. 오늘 세월호 기독여성연합이 한 자리에 모인 것은 바로 그런 상황을 다시 서로 확인하기 위해서이고, 이제 그런 대통령과 체제를 겪은 후 "국가로부터 돌린 고개를 우리 서로를 바라보는 일로 만들"기 위해서이다.[1] 이번 세월호 참사를 겪으면서 한국 국민은 자신들이 지난 세기동안 '잘살아보세'의 구호 아래 온통 정신을 빼앗기고 살아오면서 어떻게 권력과 자본이 사람의 생명과 삶까지도 상품과 통제 대상으로 삼는 지경까지 왔는지를 똑똑히 경험하였다. 그래서 늦게나마 그러한 권력과 체제에 대해서 다시 생명을 귀히 여기고, 우리 삶을 보장하라고 외쳐보지만 특히 이번 여성 대통령 박근혜 정부의 권력과 체제에서는 그 요청이 거의 '불가능'의 벽에 대한 것임을 느낀다. 그러나 삶 자체를 포기하지 않을 경우, 아니 포기할 수 없는 경우 그 불가능의 벽에 대응하는 다른 삶의 길을 모색해야 한다. 그것을 두 가지로 살펴보고자 하는데,[2] 그 첫 번째

---

1 고병권, 『"살아가겠다"』 (삶창, 2014), 166.
2 같은 책, 155, 167. 최근 몇 년간 한국 사회에서 일어났던 각종 사회운동과 미국 월가의 점령 운동까지 관찰한 '수유너머' 운동의 멤버 고병권은 그 모든 운동들에서 공통적으로

는 그러한 불가능의 체제에 대해서 철저히 고개를 돌리면서 근본적으로 사유하여 그것이 달라질 때까지 그 중단을 요구하는 것이고, 다음으로는 그 첫 번째와 더불어 같이 이루어져야 하는 방식으로 우리가 대안으로 생각하는 삶의 방식을 직접 함께 일상으로 이루어내자는 것이다. 이 두 가지 방식에 대한 성찰이 지금부터 이어지는 내용이다.

II. 한국교회 체제의 불가능성과 세월호

세월호 참사와 더불어 그동안 우리 삶을 지배해온 지배적 가치 체제 중 우리가 또 하나의 '불가능'이라고 발견한 체제가 한국교회였다. 물론 세월호가 있기 전에 이미 한국교회는 '개독교'라는 말을 들을 정도로 세속의 정치적 권력 못지않게 권력과 돈의 노예로 타락한 모습을 보여주고 있었지만 이번 세월호 참사 앞에서 한국교회가 보여준 모습은 그 자신이 더 이상 생명의 해방구가 되지 못한다는 것이었다. 그동안 '神'을 믿고, '이웃 사랑'을 실천하며, '하나님 나라'의 도래를 소망하며 살아간다고 천명해온 그룹으로서 세월호의 끔찍한 생명 죽임의 폭력, "죽음의 대량화, 목숨의 계량화, 통곡의 장기화"[3] 앞에서 한국교회는 속수무책

나타나는 특징을 "살아가겠다"의 생명권 선언으로 정리하면서 거기서의 두 가지 운동 방식을 정리해 냈는데, 나는 이번 세월호이후의 신학을 구성하면서 그의 관찰과 제안에 많은 시사와 감동을 받았다.

3 "세월호 참사 진상규명을 염원하는 천주교 130190인 선언", 〈한겨레〉 2014년 11월10일 월요일 1면.

의 반생명의 민낯을 보여주었다. 세월호의 직격탄을 맞은 안산 화정감리교회 박인환 목사는 지난 8월 세월호 특별법 서명을 위한 숱한 노력에서 서울의 그 많은 교회로부터 겨우 250명 정도의 서명을 받았을 뿐이라고 밝힌다. 칠백 명 모이는 어느 교회에서는 65명만이 서명을 했을 뿐이고, 그래서 이런 일을 겪으면서 세월호 유족들로부터 "교회는 교회 안에서만 사랑하는 거야?"라는 말을 들었다고 한다.[4]

21세기에 들어와서도 서구 자본주의 국가 문명에 대한 근본적인 회의를 이끄는데 여전히 역할을 하고 있는 19세기의 니체는 그의 말년의 저서 『안티크리스트』(Der Antichrist)에서 당시의 기독교가 구사하는 '은총'이나 '구원', '용서'를 포함한 죄와 벌의 개념, '구세주' 등의 교설은 모두 "원인에 대한 인간의 감각을 말살하기 위(한) 고안"이고, "원인과 결과라는 개념에 대한 폭행"이라고 세차게 비판하였다.[5] 나는 이 비판이야말로 오늘 세월호 참사로 인해 고통 받고 있는 유족들이, 특히 그들이 신앙 문제로 더욱 괴로워하고 있는 상황에서 꼭 들었으면 좋은 지적이라고 생각했다. 오늘 유족들이 어처구니없는 권력과 자본의 횡포로 자신 존재의 근거가 잘려나간 것과 같은 아픔 속에 빠져있지만, 교회는 쉽게 '용서'를 말하고, 하나님의 '벌'을 말하며, 지금까지의 '구원'과 '부활'에 대한 값싼 이야기를 인습적으로 반복한다. 그리고 정작 그 참사에서 가까스로 비켜 앉은 자신들은 손 하나 까닥하지 않고서 자신들의 그

---

4 좌담 "진실까지 침몰하도록 둘 것인가?", 〈샘〉, 계간 제39호, 2014.9.26.
5 프리드리히 니체/박찬국 옮김, 『안티크리스티』 (아카넷, 2013), 121.

러한 언어가 세월호 참사의 원인에 대한 사람들의 감각과 의식을 호도하고 말살시킬 수 있는 일이라는 것은 생각지 않는다. 그러면서 세월호 이후에도 시대와 시간이 그대로 변하지 않고 갈 것이라 믿으며 무사안일로 지낸다.6 니체는 그와 유사한 과거 기독교의 행태에 대해서 "가장 비겁하고 가장 교활하며 가장 저열한 본능에서 비롯된 폭행"이라고 했다. 그것은 "기생충의 폭행"과 같은 것이며, "인식을 위한 전제조건을 파괴해버린 셈"이라고 비난하였다.7 나는 오늘 대부분의 한국교회가 세월호와 관련해서 보여준 행태가 바로 그런 것이었다고 여긴다.

III. 신은 죽었다. 나의 내면의 신은 이렇게 말한다
: 세월호 以後교회 구성의 새로운 원리

"사제는 죄를 고안함으로써 지배하는 것이다." 이 말은 다시 니체가 자기 시대의 부패한 기독교와 성직자에 대해 가한 질책이지만 나는 오늘 한국 개신교의 상황을 이보다 더 잘 표현해주는 언술이 없다고 생각한다. 이제는 언론 뉴스의 단골 메뉴가 되어버린 정도로 어느 교회, 어느 목사는 어떠어떠한 '죄사함'의 목록으로 신도들의 돈을 거의 '갈취'하는 수준에서 '헌금'을 받아냈다고 하고, 십일조를 내지 않는 '죄'는 가족

---

6 이은선, "세월호 참사 이후에 신학자로 산다는 것", 2014.10.30 〈신학자들이 함께 하는 기도회〉 낭독, http://www.ecumenian.com.
7 프리드리히 니체, 같은 책, 121-122.

구성원을 암에 걸리게 하고, 자살충동을 갖게 한다고 협박을 일삼는다. 사태가 이러하니 오늘 세월호 참사의 와중에서 그렇게까지 비참한 일을 '허용한' 신에 대해서 고개를 돌리고, 그런 불의를 당했는데도 함께 해주지 않는 교회에 대해서 더 이상 같이 할 수 없다고 선언하는 사람들의 두려움과 불안을 충분히 이해할 수 있다.

상황이 그렇지만 나는 이제 우리가 용기를 내어서 그런 신은 죽었다고 선언해야 함을 감히 말하고자 한다. 그러면서 지금까지 우리들이 믿어왔던 신은 일종의 "(우리) 하인으로서의 신, 우편배달부로서의 신, 일기예보자로서의 신" 등이 아니었나를 반성해보면서[8] 거기서 용기 있게 등을 돌리는 일을 이제는 해야 한다는 것이다. 이번 세월호를 통해서 그런 방식으로 믿어왔던 신과 교회는 우리 생명과 삶에 대해서 세속의 정치권력과 별로 다르지 않게 거의 '불가능'으로 드러났다. 그래서 만약 그렇다면, 그렇게 거기서 더 이상 어떤 구원의 가능성과 생명적 삶의 미래를 기대할 수 없다면 그곳으로부터 떠나는 것이 옳고, 비록 '대책 없이' 떠난다 해도 그 떠남이 지금까지의 그 체제의 관리자들에게 "가장 무서운 사태"가 될 수 있음을 인식하며 용기를 내야 한다는 것이다.

지난 몇 년간 한국 사회에서 일어났던 일련의 노동운동과 장애인운동, 스스로 대학을 떠나는 대학교육 거부운동, 밀양 송전탑 반대 운동, 탈성매매 여성들의 자활운동 등을 톺아보면서 우리 시대 사회운동의 새로운 방향과 가능성을 발견하는 고병권은 오히려 그렇게 신자유주의

---

8 같은 책, 130.

자본주의 체제의 불가능성에 도전하며 대책이 없지만 길을 떠난 사람들의 운동에서 "'데모스의 힘'이 지닌 거대한 창조성"을 본다고 고백한다. 그것은 그들의 그 "고집스러운 '대책 없음'"이 아니었으면 바꿀 수 없는, 우리를 수백 년간 지배해온 가치들과 시각들과 비전들을 바꾸는 "데모스의 창조성"의 경험이라고 밝히는데,9 나는 그 말을 오늘 세월호의 참사를 맞이하고 있는 한국 기독교와 교회의 변환과 전복을 위해서도 그대로 적용하고 싶다. 고병권은 그의 책 서두에서 "니체는 진지하고 정직한 기독교인들이라면 '상당히 오랫동안 기독교 없이 생활해야 할 의무가 있다'는 말을 했다"고 쓰고 있는데, 나는 이 말을 오늘 세월호 참사를 당한 한국의 기독교인들에게 하나님이 건네시는 언어가 아닌가 생각한다.10

우리가 세월호를 몰랐을 때 인류가 겪은 끔찍한 경험 중 으뜸이라고 이야기되는 제2차 세계대전 당시의 유대인 학살의 현장에서도 하나님과의 유사한 새로운 만남의 이야기가 전해졌다. 그중 이번에 에티 힐레줌(Etty Hillesum, 1914-1943)이라고 하는 한 네덜란드 출신의 유대인 여성 이야기를 전하고자 하는데, 그녀는 아우슈비츠 유대인 수용소에서 살해되기 전까지 쓴 『사유하는 가슴』(*Das denkende Herz*)이라는 일기장을 남겼다. 거기에는 그녀가 전통의 군림하는 신, 외부에서 체제의

---

9 고병권, 같은 책, 132.
10 같은 책, 9.

주인으로서 명령하고 기적을 행하고 서비스하는 신이 아니라 그녀의 또 다른 나로서, 그녀 내면의 깊은 목소리로서, 이제 그녀 스스로에게 오히려 신을 대신해서 신을 돕는 자가 되어서 그 끔찍한 야만의 현장에서도 인간이 그 인간성을 잃지 않을 수 있다는 것을 보여줄 것을 요구하는 신과의 대화가 잘 나타나 있다.[11] 그녀는 거기서 철저히 이타의 사람이 되어서 자신을 도울 수 없는 신을 오히려 그녀가 돕고, 그와 같은 죽음의 상황에서도 결코 '인간다움'과 '인간성'이 파괴될 수 없다는 것을 보여주면서, '인간성 자체'(仁), '인간다움의 기초'(性)로 내재해 있는 신의 모습을 감동스럽게 보여준다.

그녀는 신에게 마치 자기 자신에게 이야기하듯이 이야기한다.[12] 그녀는 신에게 이 죽음의 현장에서 자신을 빼내주고 구해달라고 기도하지 않는다. 오히려 그녀 자신이 자신들을 그렇게 도와줄 수 없는 신을 도와주겠다고 말한다. 이 비인간의 현실에서도 신의 내재인 인간다움을 잃지 않고, 서로 배려하고, 삶과 생명의 영속성에 대한 깊은 믿음을 가지고, 더 근본적인 깊음 속에서 내면의 평안과 기쁨을 잃지 않고, 그래서 다른 사람들 속에서도 그 신적 내재의 인간성을 알아보고 그들을

---

11 이번 세월호의 상황에서 가장 많이 거론된 책 중의 하나인 『위험사회』의 저자인 독일의 사회학자 울리히 벡(Ulrich Beck)은 세계시민적 탈근대 시대에는 신의 모습도 "자신 고유의 신"(der eigene Gott)을 지향한다고 하면서 그 가장 대표적인 한 예로서 에티 힐레줌의 하나님을 들었다. 울리히 벡/홍찬숙 옮김, 『자기만의 신』 (도서출판 길, 2013.)

12 *Das denkende Herz, Die Tagebuecher von Etty Hillesum 1941-1941*, Rowohlt, 24. Auflage 2013, 7.

도와주고, 위로해주고, 죽음의 순간으로 가는 끝까지 그들과 함께 하며 그들의 인간성을 북돋우는 것, 그들 속의 신성을 인식하도록 도와주는 것, 그것을 그녀는 이제 예전의 방식으로 자신들을 돕지 않을 것이 확실한 신을 오히려 자신이 돕는 일로 이해한 것이다:

나의 하나님, 아주 끔찍한 시간들이에요. 오늘 처음으로 타는 듯한 눈으로 잠을 이루지 못하며 어둠 속에 누워서 인간적인 고통의 많은 상들을 내게 떠올렸어요. 당신께 아주 작은 것밖에 약속드릴 수 없어요. 미래에 대한 나의 염려를 무겁게 오늘 여기에 걸쳐놓지 않겠다는 것이지요. 그러려면 확실한 연습이 필요해요, 한 날의 염려는 그날에 족하다. 내가 당신을 돕겠어요, 당신이 나를 떠나지 않도록. 처음부터 보증할 수는 없어요. 그러나 단 한 가지가 나에게 점점 더 확실해져요, 당신이 우리를 도울 수 없고, 오히려 우리가 당신을 도와야 하고, 그렇게 해서 마지막에는 우리 스스로가 우리를 도와야 한다는 것이지요. 그것이 바로 우리 속에 들어와 있는 당신의 한 조각, 하나님을 구해내는 유일한 일이지요. 그리고 아마도 그 일을 통해서 우리가 고통으로 찢어지는 다른 사람들의 가슴 속에 다시 당신을 부활시키는 일을 도울 수 있을지 모르겠어요. 나의 하나님, 상황이 크게 변할 수 있을 것 같지는 않아요. 그게 우리 이생에 속하는 것들이지요. 당신에게 어떤 변명과 변론을 요구하지 않겠어요. 당신이 나중에 우리에게 변명을 요구할 것이지요. 그리고 거의 매번 심장이 뛸 때마다 나에게 점점 더 확실해져요, 당신이 우리를 도울 수 없고, 대신 우리가 당신을 도와야 한다는 것, 그래서 우리 깊은 속의 당신의 보금자리를 우리가 마지막 순간까지 지켜내는 것. … 나의 하나님, 내 안의 당신과 이런 대화를 통해서 점점 더 안정을 찾아가요. 다음에도 계속 이런 대화를 많이 나눌 것이고, 나를 떠나가려는 당신을 이렇게 막을 거예요. 나의 하나님, 당신도 앞으로 어려운 시간을 보낼 거예요, 그러나 저를 믿으세요. 저는 계속 당신을 위해서 일할 것이고, 당신에게 충실히 머무를 것이며 그리고 당신을 내 안에서 쫓아버리지 않을 거예요.13

이렇게 눈물 나는 기도를 올리면서 에티 힐레줌은 아우슈비츠에서의 수용소 생활을 철저히 자신의 이타적 사랑의 삶을 통해서 신의 존재 증명이 이루어지도록 하는 책임을 맡은 사람으로 의식하며 살다 갔다. 그녀는 그때까지 기독교가 몰랐던 또 다른 모습의 하나님의 존재 증명을 자신의 삶과 믿음과 정신으로 밝혀내는 삶을 산 것이다. 그녀는 그 가운데서의 무수한 고통과 절망과 좌절도 동시에 전한다. 그러면서 그러나 자신이 지금 겪고 있는 모든 것들이 자신이 감당해야 하는 "역사의 한 조각"(das Stück Geshichte)을 짊어지고 가는 것이지만 거기에 뭉그러지지 않고 갈 수 있겠다고, 가겠다고 다짐한다. 그녀는 기도하기를,

내가 당신께 충실하지 못했어요, 하나님. 그러나 아주 완전히는 아니고 또한 짧은 시간이었지요. 그런 절망과 경악을 경험하는 일은 좋아요.

---

13 Ibid., 149-150.

결코 흔들리지 않는 안정을 갖는다는 것은 거의 초인적이지 않나요? 그러나 지금 저는 다시 알아요. 그 모든 절망을 내가 이겨낼 수 있다는 것을요.[14]

그녀는 자신이 그토록 의지했던 책이나 읽을거리가 없이도 살아갈 수 있다고 하면서 수용소로 끌려갈 때 가지고 갔던 성서와 릴케의 시집과 편지 묶음이 한없는 위로와 지지대가 되지만 더 근원적인 것은 그녀 내면의 신, 그녀의 또 다른 나와의 깊은 대화라고 고백한다:

사람들이 잘 못살아요. 스스로 품위를 떨어뜨리죠. 역사에 대한 의식이 적어요. … 나는 누구도 미워하지 않아요. 원한을 품지 않죠. 이렇게 인간에 대한 보편적인 사랑을 한 번 펼치기만 하면 그것은 잴 수 없을 정도로 크게 자라나요. … 모든 것을 짊어져야 해요. 책이나 쓰는 일 없이도 살아갈 수 있어야 하지요. 한조각 하늘이 항상 보일 것이고, 내가 기도를 위해 손을 펼칠 만큼의 공간은 항상 곁에 있을 것이기 때문이죠.[15]

나는 세월호의 가족들도 이런 가슴과 마음으로 살아갈 수 있다고 여긴다. 아니 살아갈 것을 요청한다. 더 이상 밖의 하나님과 체제의 신으

---

14 Ibid., 153.
15 Ibid., 152.

로 인해서 고통 받지 말고, 자신 속의 하나님을 믿으면서, 바로 이 세월호의 참사를 당했지만 그럼에도 불구하고 너 자신이 여전히 인간일 수 있다는 것을 증명하면서, 그렇게 해서 신이 살아있다는 것과 이웃이 바로 그 신의 한 조각이고, 우리 모두가 역사의 한 조각씩을 지고서 더 좋은 세상으로 넘어가는 길에 길동무임을 자각하면서 계속 가라는 것이다.

여기서 나는 이 길 위에서 오늘 우리가 지고 있는 역사의 짐보다 결코 더 가볍지 않았을 짐을 우리가 이야기하는 것과 유사한 신앙을 가지고 지고 간 또 다른 한 사람을 더 소개하고자 한다. 그는 오늘 우리가 인습적인 외재적 신 대신에 우리 깊은 내면의 신으로 이야기하는 새로운 신의식과 매우 잘 상관되는 초월의식을 가지고 18세기 조선의 안산에서 살았던 한국 양명학의 창시자 하곡 정제두(1649-1736) 선생이다. 하곡은 우리 마음속의 그 신을 '생리'(生理), 우리 안의 살아있고, 살리는 생명의 영, 살아 있는 원리로 파악하면서 바로 그 생리에 대한 믿음이 모든 인간을 참 인간으로 변환시킨다고 확신했다.[16] 여기서 나는 그가 말하는 '생리'가 바로 여성들이, 엄마들이 매달 생명을 낳기 위해서 치루는 '달거리'(menstruation)라는 이름과 같은 것임을 발견한다.[17]

---

16 이은선, 「내가 믿는 이것, 한국 生物여성정치의 근거-한나 아렌트의 '탄생성'(natality)와 정하곡의 '생리'(生理)를 중심으로」, 〈현대문명과 강화양명학〉, 제11회 강화양명학 국제학술대회, 2014.10.11, 한국양명학회 자료집, 225-259,
17 이 발견을 나는 지난 9월 25일 감리교여성지도력개발원이 마련한 여성지도력개발 신학 초청강연을 마친 후 뒤풀이의 대화에서 김명현 원장의 질문을 통해서 하게 되었다.

이것을 통해서 바로 오늘 자식을 잃고서, 자신 태의 생산을 잃고서 어찌할 바를 모르는 안산의 어머니들이야말로 우리 시대와 역사에서 다시 생명을 살려내고 지켜내는 생리의 역할로 부름 받았음을 말하고 싶고, 에티 힐레줌이 죽음의 길에서도 깊이 체인했던 책임의식, 자신 속의 내면의 신, 생리의 인간성, 자신 속의 "귀한 생명의 한 조각을 잘 간직하고 보존해서 다음 세대로 넘겨주어야 하는 생명의 담지자"(der Behälter für ein Stück kostbaren Lebens)[18]라는 의식을 안산의 어머니들에게도 기대하고 싶다고 말하고자 한다.[19] 이 의식의 자각 속에서 이제 세월호 어머니들이 제일 먼저 할 일은 그동안 너무 절망하고 너무 괴로워서 자신의 몸을 잘 돌보지 않아 생리가 끊겼거나 불규칙하게 되었다면 그 몸을 다시 잘 살피고 돌보아서 앞으로의 갈 길에 대비하는 일이라고 말씀드리고 싶다.

IV. 노들장애인야학의 함께의 원칙과 학습공동체론 으로부터 배운다: 세월호 以後교회 살림의 첫번째 원칙

이 글의 맨 앞에서 인용한 마가복음 12장 35-37절의 말씀은 예수가 당시 유대인들에게 막강한 체제 종교의 권력을 휘두르고 있던 유대

---

18 Etty Hillesum, Ibid., 158.
19 이은선, 「라마, 베들레헴, 안산-세월호 참사와 생명의 연속성」, 2014년 7월6일, 안산시 단원구 화정교회 설교문, http://www.ecumenian.com/

교 신학자들이 그리스도론을 독점하고 있는 모순에 대해서 딴죽을 거는 장면으로 해석할 수 있다. 예수는 당시의 종교 권력자들이 그들이 기다리고 있는 메시아, 그리스도의 도래를 꼭 '다윗의 자손'이라는 틀 안에 한정하고, 거기에 기대어서 자신들의 권력도 공고히 하면서 확고 부동한 불가침의 것으로 만드는 것을 보고서 거기에 근본적인 이의를 제기한 것이다. 즉 예수는 다윗 스스로가 '다윗의 자손'으로 도래할 것 으로 이야기되는 그리스도에 대해서 '주'라고 했으며, 하나님이 그 주 그리스도를 그의 오른 편에 앉게 하시는 일에 대해서 감동했었다는 것 을 지적함으로써 '그리스도'라는 개념이 결코 어떤 한 배타의 개념이 아 니라 보다 보편적인 "어떤 '영원한' 사실이며 시간 개념에서 해방된"[20] 상징으로 쓰일 수 있다는 것을 지적했다고 할 수 있다. 그렇게 함으로써 예수는 당시 종교 권력자들이 그리스도론을 독점한 것을 비판하였고, 거기서 자신들의 권력을 실체화하는 것에 반대한 것이라고 할 수 있다. 나는 이렇게 예수 스스로가 이미 그 자신의 때에 그리스도 개념을 보편 화하고 상징의 언어로 삼았다면 그 후 훗날 역사에서 서구 교회가 더군 다나 그 예수에게 그리스도론을 배타적으로 적용하여 박제화하여 쓴 것을 추종할 이유가 없고, 그렇게 하지 않는 것이 오히려 예수를 더 잘 따르는 길이라는 것을 말하고자 한다. 이러한 입장이 앞의 에티 힐레줌 의 이야기와도 잘 부합하고, 이제 우리 한국교회가 특히 가부장주의적 남성 성직자 중심의 견고한 배타성의 그리스도론에 근거해서 제시하는

---

20 프리드리히 니체, 같은 책, 83.

구원론에 더 이상 기댈 필요가 없다는 것을 가르쳐주는 것이라고 생각한다. 즉 이것은 '새로운 구원론', '새로운 교회론'을 찾아 나서는 일을 말하는데, 이번 세월호의 참화를 계기로 해서 기성 교회가 더 이상 그들이 주장하는 그리스도론으로는 어떠한 행위도 가능하지 않고, 그것으로써 그들이 전하는 복음도 그들 스스로는 그대로 살고 있지 않는 공동체로 드러났다면, 우리 모두가 새로운 구원의 길, 새로운 교회 공동체를 대안적으로 구성해 내는 일에 적극 나서야 함을 말한다.

그 일을 위한 좋은 길라잡이로서 나는 지난 20년간 한국 땅에서 장애인 인간화를 위한 투쟁의 초석을 놓았고, 구체화했으며, 큰 진전을 이루어낸 '노들장애인야학'의 스무 해 이야기를 소개하고자 한다. 지난 1993년 8월 8일, 풍성한 가을 수확기의 '노란 들판'을 생각하며 그것을 줄여 '노들'이라고 하여 생겨났다는 '노들장애인야학'의 20년史가 『그럼에도 불구하고 수업합시다』라는 제목으로 지난 5월에 출간되었는데, 그것을 읽게 된 나는 큰 감동을 받았다. 그러면서 그 책을 읽는 동안 내내 드는 생각은, 아 이렇게 세월호 가족들도 자신들의 교회와 공동체를 세울 수 있겠구나, 그래서 거기서 '삶'과 '배움'과 '투쟁'을 함께 하면서 '진실'을 밝혀내고, '생명적 가치'를 다시 세우고, '인간성의 공동체'를 다시 증거하고 보여주는 일을 하면 되겠구나 하는 것이었다. 그리고 거기서 더 나아가서 그 책을 알 수 있는 계기를 마련해준 밀양 송전탑 투쟁의 일꾼 이계삼 선생도 지적한 대로 앞으로 우리가 세월호 이후 시대를 견디어내고 살아가는데 많은 "비결과 암시"를 주는 책이라고 생각

했다.[21]

그 노들장애인야학은 지금부터 20년 전의 혹독했던 전두환 정권이 막 무너지고 난 후, 당시 일반인의 인권은커녕 장애인의 인권이 우리 사회에서 거의 의식되고 있지 않던 때에, "장애인 운동을 사회 변혁 운동의 한 영역으로 설정"했던 장애인운동청년연합회의 청년들이 대학생 교사들을 찾아나서는 일을 통해서 결성되었다고 한다.[22] 처음에는 학생 11명, 교사가 11명으로 당시 구이동 아차산 기슭 정립회관에서 그곳의 정립전자 기숙 장애인노동자들을 주 대상으로 시작되었다고 한다. 그들은 저녁 7시 이후에만 그곳의 탁구장을 빌려 칸을 나누어서 "단지 장애가 있다는 이유만으로 초등교육조차 받지 못한" 주로 20-30대였던 장애인노동자들에게 초등학교 검정고시를 목표로 수업을 시작했다고 전한다. 그때까지 '휠체어'라는 단어조차 몰랐던 열악한 상황에서 오전 8시 30분에 출근해서 저녁 6시 30분에 퇴근했던 장애인노동자들이 고된 일 후의 휴식을 뒤로 하고 다시 야학에 나오는 것은 정말 힘든 일이었지만 그만큼 배움에 목말랐기 때문에 모일 수 있었다고 한다. 1995년 5월 첫 초등학교 검정고시 고사장에 5명을 들여보내고 교사들은 밖에서 서성이며 시험이 끝나기를 기다렸고, '전원합격'이라는 결과를 받고 서로들 너무도 기뻐했다고 전한다.[23]

---

21 이계삼, 「세상읽기-맞은 편 노들야학」, 〈한겨레〉 2014.9.29.

22 홍은전 지음, 『그럼에도 불구하고 수업합시다-노들장애인야학 스무해 이야기』 (도서출판 까치수염, 2014), 028.

23 같은 책, 037.

그렇게 시작한 노들야학은 그 후 놀라운 전개를 보인다. 스스로가 장애인이었고 교사대표이기도 한 박경석 당시 전장협(전국장애인청년 연합회) 조직국장의 교장 취임과 더불어 노들야학은 끈질지게 서로 뭉쳐서 한국 장애인 운동사의 새 장을 써나갔다. 1999년 중증장애인 이동 지원을 위한 봉고 운행, 2001년 장애인 이동권 투쟁, 노들장애인자립센터 설립, 장애인차별금지법 제정 투쟁, 2006년 현수막 공장 노란들판의 설립을 통해 장애인 직업자활에 힘을 쏟았고, 활동보조서비스 제도화 투쟁, 노들야학 교육 공간 쟁취, 시설 장애인 탈시설-자립생활 권리 투쟁 등, 장애인 삶의 권리를 위한 다각도의 투쟁에 큰 족적을 남긴다. 나는 오늘 우리가 지하철 역 등에서 장애인 이동시설을 이용하여 이동하는 장애인들을 자주 보지만, 그것이 이루어지기까지 그 뒤에 얼마나 많은 고통과 피나는 투쟁과 노력이 있었는지를 이번에 알았다.

아직도 갈 길이 많이 남아있고, 그동안 많은 희생과 죽음, 떠나감, 포기들도 있었지만 이들은 오늘 20년사를 정리하면서 아주 당당하게 말한다: "확실한 것은 '이 싸움은 정당하다'는 믿음과 '함께 있을 때 우리는 두려울 것이 없다'는 용기뿐이었다"고.[24] 두려움에 떨던 중증장애인을 세상을 향해 자신을 던지는 거침없는 투사로 변모시킨 것은 "모두 제각각이었지만 노들의 구성원들이 합의하는 단 하나의 가치가 있었다. '함께'였다"고 그들은 증언한다.[25] 나는 지금까지 세월호 가족 공동

---

24 같은 책, 130.
25 같은 책, 118.

체를 여기까지 끌어온 것도 바로 이것이 원칙이었을 것이라고 생각한다. 우리들의 싸움은 '정당하다'는 확신이고, '옳은 것'(義)을 위해 하는 일이라는 것 그리고 이 일을 위해서 어떻게든 '함께'라는 원칙을 지켜낸다는 것. 고병권은 이 노들학교에 대해서 프랑스 철학자 자크 랑시에르가 "지능이 열등할 때가 아니라 의지가 꺾일 때 바보가 생겨난다"라고 한 지적을 들려준다.26 그렇게 인간의 의지는 진실과 연결될 때만 계속될 수 있고, 살아있을 수 있다는 통찰이다. 그래서 반면 세월호의 진실 추구가 어떤 다른 사적인 목적으로 희석되거나 약화될 때 그 싸움을 계속할 수 있는 힘과 의지가 줄어들 것이라는 것은 명확하다. 그런데 니체도 경고했듯이 인간의 확신이란 "어떤 목적에 유용하기 때문에 원칙적 · 원리적인 것이 되는 거짓"이 될 수가 종종 있으므로,27 그래서 혹시 자신도 의식하지 못하는 사이에, 아니면 교묘하게 다른 사람들의 눈을 속이기 위해서 '확신'이나 '믿음'으로 가장하는 오류에 빠지지 않기 위해서 또 다른 것이 있어야 하는데, 노들인들은 그것을 '일상'으로 지속되는 '수업'과 '학습'의 일로 제시했다. 그들은 말하기를,

노들의 가장 중요한 투쟁은 바로 이 일상을 지키는 일이었다. 이 작고 사소한 일상이 우리들의 인생을 이끌고 나간다. 노들의 일상을 이끌었던 것은 수업이었다. 수업이 우리를 만나게 했고 거기서 모든 것은 시

---

26 고병권, 같은 책, 79.
27 니체, 같은 책, 137.

작되었다. 수업이 아니었다면 30년간 노유동 작은 방과 창동 작은 집이 각자의 우주 전체였던 사람들이 만나는 일은 없었을 것이다. 장애 문제라면 명왕성만큼이나 멀리 있는 것으로 알았던 나 같은 사람이 그들과 만나는 일도 없었을 것이다.[28]

나는 세월호의 가족들도 이렇게 해나가야 한다고 생각한다. 즉 그들도 진실을 위한 싸움을 계속해 나갈 때 일상으로 서로 모이고 함께해서 '학습공동체'로서의 교회를 만들어 이 세상의 권력과 정치와 경제가 어떻게 돌아가는지, 왜 오늘 우리의 삶이 이렇게 되었는지, 인간 공동 삶이 반드시 추구해야 하는 가치에 무엇이 있는지 등에 관해서 서로 묻고 배우고 토론하면서 스스로의 의식을 열어가야 한다는 것이다. 그래야 그들의 진실을 향한 물음과 싸움을 계속해 나갈 수 있는 정신적 의지적 힘을 간단없이 얻을 수 있고, 그것은 여성 평화학자 정희진이 말한 대로 "책이 몸을 통과하면 고통을 해석하는 힘이 생긴다"라는 말처럼[29] 그렇게 스스로가 이제 세상의 해석자가 되는 일을 말한다.

노들인들은 어떠한 경우에도, 각자에게는 정말 더 이상 계속할 수 없어 포기하고 싶고, 죽고 싶고, 2003년 처음 개설된 한글 기초반에서 학생과 교사들의 수업이 서로 소통의 통로가 달라서 사투와 같았을 때도, 거리 투쟁하다가 사람들이 잡혀가고 교장이 감옥에 가고, 누군가는

---

28 홍은전, 같은 책, 114.
29 「여성학평화학자 정희진 인터뷰」, 〈한겨레〉, 2014.10.24.

죽고, 교실에서 쫓겨나고, 전날의 뒤풀이로 술범벅이 되어서 나가떨어져도 그래도 다시 수업시간이면 수업을 열고, 눈물을 닦고 교실로 모여들었으며, 다시 한자 한자 배워나갔다고 한다. 그래서 이 책의 제목도 "그럼에도 불구하고 수업합시다"이다. 이들은 그렇게 원칙을 지키며 자신들이 장애인과 비장애인으로 서로 만나서 벌인 일들이란 "대한민국의 교과서에도 없었고 미국에서 건너온 자립생활 교본에도 없었(고), 어떤 것이 알맞은 것인지는 오직 경험을 통해서만 찾을 수 있었다"라고 밝힌다.30 또한 이들은 "장애인의 해방은 장애인 당사자의 투쟁에 의해서만 이루어질 수 있다"라는 '장애인 당사자주의'의 구호를 굳게 붙들고서31 끊임없는 일상의 함께함과 학습이 끊이지 않는 투쟁을 통해서 '아무 것도 할 수 없는 몸'이라는 불가능을 넘어서 가히 "'혁명'이라고 부르지 않는다면 무어라고 말할 수 있을까"라는 서술이 가능한 만큼,32 그러면서도 그 일은 동시에 "노력하는 한, 방황"이었지만33 계속해 나갔다고 한다.

이렇게 세상에 대항해서 진실을 밝혀가고 그 일을 통해서 세상을 바꿔나가는 일에서 '학습'과 '수업'을 쉬지 않는다고 하는 것은 쉽게 자기중심의 나약한 감정과 자포자기에 빠지지 않는 것을 말한다. 그렇게 해서 그들이 세상에 저항하는 싸움을 싸우지만 그러나 그렇다고 해서 세

---

30 홍은 전, 같은 책, 106.
31 같은 책, 087.
32 같은 책, 105.
33 같은 책, 118.

상으로부터 고립되는 것이 아니라 더 깊이 대화하는 것이고, 더 깊이 스스로 알아가는 것이다. 20세기 러시아의 사상가 베르댜예프는 말하기를, "인간이 진실을 탐구하기 시작할 때 그는 이미 구원을 받은 것이다"라고 하였다. 또한 "인간의 노예상은 그의 타락과 죄를 말해주는 것으로서 이 타락은 특이한 의식구조를 가지고 있어서 단순히 회개하고 속죄하는 것만으로 극복될 수 없고 인간의 모든 창조적인 활동에 의해서 극복될 수 있는 것이다"라고 하였다.[34] 이 말을 통해서 우리는 인간의 구원이라는 것이 특히 오늘 한국의 기성 종교권력자들이 말하는 것처럼 꼭 어떤 '중개자'의 매개를 통해서만, 뚝딱 한 순간의 마법과 같은 일로, 지성과는 거리가 먼 반지성의 일로서 이루어지는 것이 아니라는 것을 알게 된다. 누구라도 마음과 정성을 다해서 진리와 진실을 구한다면 그는 이미 구원을 받은 것이고, 인간의 구원이란 각자 나름의 창조적 활동의 지속과 축적을 통해서 이루어지는 일이라는 지시이다. 나는 세월호 가족들이 끈질기게 세월호의 진실과 우리 사회의 정의를 물고 늘어지는 일이 바로 그 일이라고 생각한다. 그런 의미에서 그들은 이미 구원을 받았다. 아니 그들 자신의 구원을 넘어서, 오늘 우리 사회에서 종교 지도자들조차 진실과 진리에 관심하지 않는 상황에서 그들이 그 일을 흔들리면서도 계속하는 한 바로 그들이야말로 우리 사회의 진정한 구원의 중개자, 구속자가 되는 것을 말하는 것이라고 하겠다.

---

34 N. 베르댜예프/이신 옮김, 『노예냐 자유냐』 (도서출판 인간, 1979), 299.

'진실'과 '진리'에 대해서 관심하며 포기하지 않는다는 것은 나 이외의 '타인'을 배려하는 것이며, '세상'에 대한 염려를 놓지 않는 것이다. 그래서 이들이야말로 그 투쟁으로 인해서 "기도하는 한 결코 자신들을 위해서 기도하는 것이 아니라 항상 남을 위해서 기도하는 자"가 되고,[35] 그런 의미로 우리 사회는 그들에게 큰 빚을 지고 있는 것이다. 처음 세월호 참사의 구조현장에서 관피아들의 거짓 구조와 생각할 수조차 없는 야만을 용기로 전하다 말 못할 고초를 겪고 있는 홍가혜, 이종인, 이상호 등에게도 우리는 같은 말을 할 수 있다. 그렇게 한 시대의 구원자, 그리스도, 진리의 수호자는 변방에서, 약자와 주변인과 소외자들로 부터 온다. 예수가 그랬고, 전태일이 그랬으며, 노들인들도 그랬다. 그래서 나는 세월호 가족의 교회를 믿는다. 그들 세월호 엄마들의 학습공동체를 믿는다.

V. 당신이 원하는 삶의 형태로 당신 투쟁의 형태를 만들라
: 세월호 以後교회 살림의 두 번째 원칙

오늘 거의 '불가능'의 벽으로 다가오는 체제의 벽에 대한 두 번째 저항의 방식으로 '네가 그 체제 대신에 대안으로 원하는 삶의 방식으로 너 자신의 삶을 살아라'라는 것에 대해서 이야기해보고자 한다. 세월호

---

35 Etty Hillesum, op.cit., 154.

를 포함해서 쌍용자동차, 밀양송전탑, 강정마을, 사교육비, 대학등록
금, 쌀 주권 등, 오늘 우리 삶의 대부분의 투쟁이 거의 '불가능'과 '무한
정'에 대한 싸움인 것을 알 수 있는데, 이렇게 거의 불가능한 무한정의
문제를 다룰 수 있는 유일한 방식은 바로 삶과 투쟁을 하나로 만드는
방식인 것을 말하는 것이다.36

세월호의 진실을 밝혀내고자 처음 모든 일상을 뒤로 하고 싸움에 매
진했던 사람들이 발견한 사실은 그 문제가 결코 단일한 차원의, 몇몇
단순한 차원과 영역만의 문제가 아니라는 것이었다. 그저 어떤 부패한
종교집단이나 경제 집단의 문제가 아니고 지난 대선 부정의 문제로부
터 국정원, 경찰, 군대, 입법, 사법, 외국 매판자본, 친일보수, 언론, 해
양 과학, 교육 등 무수히 많은 영역과 수많은 복합적인 차원의 문제가
모여서 발생한 문제라는 것을 목도했다. 즉 한 마디로 '모든 것'이 문제
였고, 이미 "우리 모두가 세월호였"으며,37 다시 집약해서 말하면, 이러
한 모든 영역과 차원이 함께 관계되는 '삶'과 '생명'과 일상 자체가 문제
가 되었다는 것이 드러났다는 것이다. 그래서 그 삶과 일상 자체를 변화
시키는 일이 핵심 관건이고, 그 일상의 삶을 다른 방식으로 구성해내는
일이 투쟁의 근본적인 방식이 되어야 함을 알아차린 것이다. 그런 의미
에서 원래 고대 그리스어에서 '비오스'(bios)라는 말이 '생명'(bios)과
더불어 '활'(bios)이라는 무기를 함께 말한다는 지적은 의미 있다.38 그

---

36 고병권, 같은 책, 155.
37 송경동, 「우리 모두가 세월호였다」, 고은 외 68인, 『우리 모두가 세월호였다 - 세월호
   추모시집』(실천문학사, 2014), 89.

말에 오늘 우리 시대 운동의 성격과 고민이 집약되어 있다고 하는데, 그래서 이제 우리의 운동에서 "우선 할 일 아니 무한정으로 할 일"은 우리 삶과 일상을 우리가 제안하는 대안적 생명의 방식으로, 반체제적 이고 비자본주의적으로, 생명과 삶을 우선으로 하는 방식으로 계속해 서 구성해 내는 일이라는 것이다. 이 불가능의 체제가 존속하는 한 싸움 은 일상적인 것이 되어야 함을 말하는 것이다.[39]

참으로 이제 '지속력'이 관건이고, 일상이 문제된다는 것을 밝힌 것 이다. 그렇게 일상과 삶으로, 지속적으로 대안을 살아가보면 그 이전에 는 불가능과 무한정으로 보였던 것들이 다르게 보이기 시작하고, 무한 정의 절망을 넘어설 수 있는 길이 보이기 시작하고, 그 안에서 지속할 수 있는 힘이 새롭게 창조되는 것을 보기 때문이다. 그래서 오늘의 운동 과 투쟁이 단지 정치 선동이나 또 다른 사적 목적을 위한 확신으로 전락 하지 않으려면 보편적인 요구를 설정하는 것은 쓸모가 없고, 스스로에 대한 구체적인 요구로 실행되어져야 함을 말하는 것이다.[40] 그런 방식 으로라야 무한정과 불가능에 대한 싸움에서 승산이 있고, 그것을 통해 서 다시 생명과 삶을 기대해 볼 수 있다는 것이다. 2005년부터 노들야 학이 활동보조서비스 제도화와 그 시간의 확대를 위해 투쟁하면서 몇

---

38 고병권, 같은 책, 150.
39 같은 책, 150-151.
40 루돌프 슈타이너/김경식 옮김, 『고차 세계의 인식으로 가는 길』 (밝은 누리, 2003), 133.

번씩 삭발하고, 단식하고, 휠체어로 한강다리를 점거하고, '병신 육갑한다'는 소리를 '실천'하면서 온 몸으로 저항하는 가운데 여성중증장애인 최진영은 "배운 대로 실천하는 것이 얼마나 어려운지, 힘 있는 자들에게 맞서 싸우는 것이 얼마나 고통스러운 일인지 뼈가 저리도록 처절하게 배웠"다고 밝힌다. 그래서 그 고통을 너무나 잘 알기에 "투쟁하는 사람들의 곁을 더더욱 떠날 수 없었다"라고 한다. 그녀는 그 일을 통해서 "매일매일 자신과의 약속을 되새기면서 하루하루를 새롭게 조직하는 인간만이 그녀처럼 살 수 있다"라는 것을 증거한 것이다.[41] 그래서 그들은 선언하기를:

> 운동이 없는 배움, 단지 기능적 학습일 뿐인 배움을 '배움'의 이름으로 단호히 거절해야 하며, 또한 배움이 없는 운동, 그저 습관이 되고 관성이 된 운동에 대해 '운동'의 이름으로 맞서야 할 것입니다.

라고 한다.[42] 참으로 기가 막힌 정리이다. 이렇게 감탄하면서, 그러나 나는 이 원칙과 정리에서도 잘 드러나 있듯이 오늘 세월호 가족들로 하여금 그러한 일상을 살아낼 수 없게 하는 가장 큰 걸림돌 중의 하나가 특히 (남은 자녀들의) '교육'일 것이라고 생각하여 이 문제에 대한 성찰로 이어가보고자 한다. 오늘 누구나 잘 주지하고 있듯이 대한민국에서

---

41 홍은전, 같은 책, 102.
42 같은 책, 127.

'교육' 문제야말로 가장 넘어서기 어려운 무제한의 불가능으로 다가온
다. '요람부터 무덤까지'의 모든 삶의 시간과 영역이 오히려 극심한 자
본주의 교육체제의 노예가 되어서 여기에 대항하기란 대한민국의 보통
부모로서는 거의 불가능해 보인다. 그러나 우리가 또한 확실히 보고 아
는 것은 지금의 체제 교육으로는 사람들의 지성뿐 아니라 마음도, 의지
도, 몸도 길러지지 않고, 오히려 더 깊숙이 체제의 노예만 되고, 두려움
과 소심함, 한없는 수동성과 이기주의, 허풍과 거짓 등으로 채워질 뿐
이라는 것이다. 사람들은 평생을 노동하지만 가난하고, 무엇하나 끝까
지 내려가서 본질에 닿을 수 있는 힘과 인내력은 없고, 사실과 진실에
대한 관심과 해석력과 끝까지 놓지 않고 싸우는 신념을 기대하기 어렵
다는 것이다. 바로 오늘 세월호의 진실을 밝히기 위해서는 그런 힘과
행위력, 상상력이 필요하고 그러한 인간적 힘에 근거해서만 우리가 미
래를 기대할 수 있을 것인데도 말이다.

이렇게 고생은 고생대로 하지만 한국의 가족이 경제적으로도 어렵
고 비인간적 삶을 사는 이유가 되고, 사실 세월호의 참사도 먼저는 그런
체제 속의 학교에 다녔기 때문인 것을 생각하면 그런대도 거기에 계속
머물러 있을 이유가 없다. 몇 년 전 김예슬이나 김창인의 대학교육 포기
선언처럼, 「녹색평론」의 김종철 교수가 '아이들 대학 보내지 말자'는 운
동을 한국 농촌운동의 한 형식으로 제안했듯이 그렇게 오늘 세월호 참
사와 더불어 우리 교육의 문제를 더 철저히 근본에서부터 급진적으로
성찰할 필요가 있다는 것이다.[43] 탈학교 운동의 선구자 이반 일리치는
이미 30여 년 전에 물질의 풍요 가운데서 가난해지는 "현대화된 가난"

에 대해서 말하면서 "현대인은 어디서나 감옥에 갇힌 수인이다. 시간을 빼앗는 자동차에 갇히고, 학생을 바보로 만드는 학교에 잡혀 있고, 병을 만드는 병원에 수용되어 있다"라고 지적하였다.[44] 거기에 대항하는 길로서 그는 "쓸모 있는 실업을 할 권리"를 이야기하는데, 오늘 한국의 현실과는 거리가 멀다고 지적할 수도 있지만 나는 더 근본적인 의미에서 우리 교육과 노동이 숙고해야 할 주제라고 생각한다.

우리 모두가 주지하듯이 오늘 급여를 주는 직장에서 벗어난 일을 하는 사람은 무시당하거나 불안정하다고 생각하지만 그러나 직장을 다니지 않고도 하고 싶은 일을 할 수 있는 사람은 점점 아주 사회적 지위가 높은 사람들로 한정되어 가면서 보통사람들은 생각할 수 없는 일이 되어가고, 그렇게 보통사람들이 오랜 임금노동으로 고생한 후에 그들에게 남는 것은 '핵가족'뿐이지만, 그 핵가족조차도 지금 큰 위기에 처해 있는 것을 보면 그 체제 속의 노동에 대해서 다르게 생각해 볼 수 있어야 한다.[45]

인간의 정신적 해방은 인간에 있어서 인격의 실현이다. 그것은 전체의 달성이다. 그리고 동시에 피곤할 줄 모르는 싸움이다. 인격 실현의 근

---

43 이은선, 「"학교 사회와 한국 생물여성 영성의 교육", 『생물권 정치학 시대에서의 정치와 교육』 (도서출판 모시는사람들, 2013), 224.

44 이반 일리치/허택 옮김, 『누가 나를 쓸모없게 만드는가 - 시장 상품 인간을 거부하고 쓸모 있는 실업을 할 권리』 (느린걸음, 2014), 85.

45 같은 책, 123.

본 문제는 물질의 결정론에 대한 승리의 문제가 아니다. 물질은 주체의 일면에 불과하다. 근본 문제는 노예성에 대한 전면적 승리의 문제이다. … 근본적인 대립은 정신과 물질의 문제가 아니라 자유와 노예성 사이의 것이다.[46]

삶과 일상은 아주 복합적이고 다층적이다. 거기에는 태어남도 있고 기쁨도 있지만, 슬픔과 죽음도 있고, 절망도 있다. 하나 됨과 성취, 용서와 약속도 있지만 실패와 갈라섬, 떠나감도 있다. 즉 그것들은 모두 생명과 삶의 연속성 안에서 하나인 것이고, '지속'(誠/易)이며, 거기서 우리가 생명으로 태어났다는 것은 그 생명과 삶의 연속성에 나름의 기여를 하도록 부름을 받은 것을 말한다. 앞의 에티 힐레줌은 죽음이 다가오는 시간에도 이 생명의 연속성에 대한 깊은 신뢰 속에서 자신이 결코 완악해지지 않았으며, 완전한 미움에 빠지지 않았음을 감사한다. 그녀는 결코 '냉담한 무관심'이 아닌 '태연함'(Gelassenheit)에 머물 수 있는 것에 감사하고,[47] 그녀가 "간단함 때문에 신(Gott)이라고 부르는"(der Ein- fachheit halber als Gott bezeichne)[48] "자신 속의 가장 깊은 것, 가장 풍요로운 것"(das Allertiefste und Allerreichste im mir),[49] "내면의 가장 나중의 것"(das Allerletzte im Inneren)은 어떤 경우에도 그녀

46 N. 베르댜예프, 『노예냐 자유냐』, 311.
47 Etty Hillesum, op.cit., 159.
48 Ibid., 154.
49 Ibid., 176.

에게서 빼앗아질 수 없다는 것을 알기 때문에[50] 그런 신에 대한 믿음이 있다면 그에게 맡기고, 그를 신뢰하는 것이 신앙의 "일관된"(konse-quent) 모습이라고 스스로에게 확언한다.[51] 그래서 자신의 삶에는 꽃을 사랑하고, 읽고 쓰기를 좋아하고, 함께 남은 음식을 나누고, 산책도 할 수 있는, 아직도 많은 것들을 위한 공간이 남아있다고 한다. 그러면서 놀랍게도 아직도 자신은 삶이 아름답고 행복하다고 고백하면서 다음과 같이 기도한다:

나의 하나님, 보시죠. 내가 당신을 잘 배려하지요? 나는 당신에게 단지 눈물과 겁먹은 의심만을 가져오지 않아요, 당신을 위해 이 폭풍 치는 회색의 일요일 아침에도 재스민 향기를 가져오지요. 당신에게 길에서 만나 온갖 종류의 꽃을 가져올게요. 당신은 나와 더불어 할 수 있는 한 아주 잘 지낼 거예요.[52]

사람들이 인간을 이해하는 한 이 시간도 이해할 수 있어요. 이 시간은 바로 우리 인간을 통해서 여기 온 것이지요. 이 시간이 어떠해도 우리는 그것을 이해해야만 해요. 설사 우리가 아주 당황스럽게 그것과 마주해 있다 하더라두요. 저는 계속 제 자신의 내면의 길을 가겠어요. 그 길이 점점 더 단순해지고 덜 복잡해지고 그리고 선함과 신뢰로 더욱

---

50 Ibid., 162.
51 Ibid., 158.
52 Ibid., 150.

깔려있는 것을 본답니다.[53]

그녀는 점점 더 세상의 모든 사람들을 위한 사랑을 말하고, 우리 모두는 매 순간에 자신의 삶을 바꾸고 새로 시작할 준비가 되어 있어야 하고, 항상 열려있고 진정성 있게 자신이 되어야 하며, 그 순간에 자신이 해야 한다고 양심이 명기하는 일을 하는 의지를 버리지 않는다면 모든 것이 괜찮다고 말한다.[54] 그녀는 신이 자신을 그의 마지막 비밀 앞에 세우지만 그가 그것을 하고, 또한 자신도 그렇게 답이 없는 수수께끼 앞에 스스로를 세우는 힘을 가진 것에 감사하다고 하며, 사람들은 그 신의 수수께끼를 짊어져야 한다고 말한다.[55] 자신의 삶이란 사실 끊임없이 자신자신, 다른 사람, 하나님에 대한 귀 기울여 들음(hineinhorchen)이었다고 고백하는 그녀는 그것을 또한 자신 속의 가장 본질적인 것과 가장 깊은 것, 다른 사람들 속의 그것과의 대화였다고 한다. 그 일이란 바로 "하나님과 하나님 사이"(Gott zu Gott)의 경청의 일이었다는 것이다.[56]

그녀가 참으로 애석하게 여기는 것은 사람들이 속으로라도 세상에 내뱉는 모든 미움들은 그것이 없었을 때보다 세상을 더 황량하게 만드는 것을 생각지 않는 것이고,[57] 이 세상의 모든 고통이 우리 인식을 확

---

53 Ibid., 159.
54 Ibid., 165.
55 Ibid., 170.
56 Ibid., 176.

대하는데 도움이 되지 못한다면 그것은 아무 의미 없는 일이라고 말한다.[58] 자신이 짐을 짊어지기만 하면 모든 하늘 아래가 다 자신의 집이고, 그래서 날마다 하루의 끝에는 더욱 사람들을 사랑하게 되고, 자신의 한 부분으로 느낀다고 말한다.[59]

삶과 죽음, 고통과 기쁨, 나의 이 상처 난 발에 생긴 기포들과 집 뒤의 재스민, 박해와 셀 수 없는 수많은 잔인함, 이 모든 것들이 내 안에서는 마치 하나의 전체처럼 있고, 나는 그것들을 모두 마치 하나인 것처럼 받아들이며, 다른 사람에게는 설명할 수 없지만 항상 점점 더 그 모든 것들이 서로 연결된다는 것을 이해하기 시작한다. 나는 나중에 한 번만이라도 그것들을 설명할 수 있기 위해서 오래 살고 싶고, 그러나 그것이 나에게 허락되지 않는다 하더라도 다른 사람이 거기서부터 나의 삶을 계속해서 살아 갈 것이다. 나의 삶이 끊어진 그곳에서부터, 그렇기 때문에 나는 할 수 있는 만큼 그렇게 선하고, 확신을 가지고 마지막 숨의 순간까지 더 살아 갈 것이며, 그래서 내 뒤에 오는 사람이 아주 완전히 새롭게 시작하지는 않아도 될 수 있게, 그래서 그렇게 힘들지 않도록 할 것이다."[60]

---

57 Ibid., 185; 루돌프 슈타이너, 같은 책, 138..

58 Ibid., 162.

59 Ibid., 203.

60 Ibid., 124.

Ⅵ. 마무리하는 말: '다만 일주일을 하루씩 잘 살아내겠다'

극단 〈바퀴VaQi〉에 의해서 공연된 연극 '몇 가지 방식의 대화들'이 일본에 소개되어 거기서도 큰 반향을 얻었다는 소식을 들었다.[61] 그 이야기의 주인공이 되는 이애순 할머니(1941-)가 평생에 걸쳐 겸손(敬)과 지속성(誠)의 삶을 살아온 것이, 생명경시와 무자비한 자본주의와 정치권력의 폭력에도 불구하고 진심과 성실을 다해 인간성을 지키며 어려운 삶을 지속해온 모습으로 큰 감동을 주었기 때문이라고 생각한다. 거기서 한국 여성의 생명성의 삶이 깊이 있게 드러났다. [62]

세대는 다르지만 그 한국 현대사의 6.25 전쟁고아였던 이애순 할머니의 삶보다 더 쉽지 않았을 오늘의 탈성매매 여성들의 자활공동체인 'W-ing 인문학 아카데미' 여성들의 자활이야기도 큰 감동을 준다. '빵보다 장미'라는 표현을 가지고 '인문학'과 '현장'을 연결하면서 성매매의 현장에서 나온 여성들의 자활을 이끌어내는 이야기이다.[63] 그들은 그때까지 많은 시도 속에서 실패를 거듭하고, 빵이 모든 관건이라고 생각하며 쉽게 거짓 희망에 빠지기도 했지만, 이제는 "막연하게 좋은 날이 올 것이라고 말하며 연민의 빵을 던지는 것에 분개"한다고 한다. 그리고 "지금과 다른 세계로의 구원은 없다. 다만 지금과는 다른 삶이 있을

---

61 〈경향신문〉, "일본 관객 울린 한국 할머니 '저 연기 안했어요'", 2014.11.19.
62 이은선, "내가 믿는 이것, 한국 生物여성정치의 근거 – 한나 아렌트의 '탄생성'(natality)와 정하곡의 '생리'(生理)를 중심으로", 225-256.
63 고병권, 같은 책, 234-259.

뿐"이라고 하면서 "다만 일주일을 하루씩 잘 살아가겠다"라는 원칙과 다짐을 가지고 매주 수업하고 밥을 같이 먹고, 폭우가 쏟아져도 함께 등산하는 항심으로 새로 탄생해 가는 과정을 같이 한다고 한다. 여기서도 '함께'의 원칙과 '운동과 학습, 학습과 운동이 함께'가는 삶과 일상으로서의 운동이 잘 실행되었다. 오늘 세월호 가족의 새로운 시작이 이 두 여성들의 경우보다 더 나은지 아닌지는 의견이 분분할 수 있지만, 나는 세월호의 가족들과 엄마들에게도 이렇게 말하고 싶다. 이들도 이루었으니 세월호 가족과 어머니들도 할 수 있다고, 그리고 해야 한다고.

맹자는 '善'이 무엇이고 '믿음'(信)이 무엇인가 라는 질문에 善이란 "가히 하고자 하는 것"(可欲之謂善)이고, 信이란 "내게 있는 것"(有諸己之謂信)이라고 했다.64 즉 모두 우리가 관건이고 우리 안의 것으로 밝혀 주었다. 선은 우리가 원하는 것이고, 믿음은 우리의 할 수 있는 것이다. 믿음의 '信'이라는 글자를 풀어보아도 그것은 '인간(人)의 말(言)'이므로 인간이 말을 할 수 있듯이 그렇게 우리는 서로를 신뢰하고, 하늘을 믿고, 사실과 진실을 알아보는 서로의 마음을 믿으면서 나갈 수 있다는 것이다. 그래서 善과 信, 이 두 가지가 우리를 더 높은 세계로 이끌어주고, 그것이 하나님이 우리를 창조하신 이유이라고 고백한다. 예수가 일찍이 그 한 전형을 이루었으며, 오늘 다시 무수한 우리들에 의해서 더 새롭게 확장되기를 기다리는 그 두 힘이 우리 운동과 삶의 근거이다.

---

64 『孟子』盡心下 25, "何謂善? 何謂信?, 曰: 可欲之謂善, 有諸己之謂信."

내가 너를 믿어도 좋다는 사실을 깨달을 때 그리고 내가 나를 믿어 보기로 결심했을 때, 그래서 그 아름다움에 나를 던져 보기로 마음먹었을 때, 그런 존재는 누구도 말릴 수가 없다. 사랑과 믿음과 중독의 속성이 그러하듯이.[65]

노들야학공동체가 그들의 온몸으로 깨달은 지혜를 세상을 향해 나누어 준 것이다.

---

65 홍은전, 같은 책, 245.

세월호, 고통 속의 빛,
영생에 대하여*

I. 시작하는 말

복 있는 사람은

악인의 꾀를 따르지 아니하며,

죄인의 길에 들어서지 아니하며,

오만한 자들의 자리에

함께 앉지 아니하며,

---

* 이 글은 원래 〈NCCK 세월호참사대책위원회〉가 주관하여 '세월호의 아픔을 함께하는 이 땅의 신학자들'이 함께 출간한 『남겨진 자들의 신학 - 세월호의 기억과 분노 그리고 그 이후』(동연, 2015)를 위해서 쓰인 글이다.

오로지

주의 율법을 즐거워하며,

밤낮으로 율법을 묵상하는 사람이다.

그는

시냇가에 심은 나무가

철따라 열매 맺으며

그 잎이 시들지 아니함 같으니,

하는 일마다 잘 될 것이다.

그러나 악인은 그렇지 않으니,

한갓 바람에 흩날리는 겨와 같다.

그러므로 악인은

심판받을 그 때에 얼굴을 들지 못하며,

죄인은 의인들의 모임에 들어서지 못한다.

의인의 길은 주께서 인정하시지만

악인의 길은 망할 것이다(시편 1편).

위 성서의 시는 우리가 너무도 잘 아는 시편 1편의 말씀이다. 구약 학자들의 연구에 따르면 이 1편은 이후에 이어지는 시편 전체(150편)를 아우르는 '전문'(前文, precis)에 해당한다. 이 전문의 정신은 한 마디로 '지복'(至福, beatitude)인데, 모세가 이스라엘 민족을 애굽의 노예 생활에서 인도해 낸 후 천여 년 이상의 시간을 보냈고, 혹독했던 바벨론

포로기(B.C. 605-535)도 거치면서 삶의 온갖 고통과 불의, 그러나 동시에 기쁨과 회복, 소망도 겪으면서 한 편의 '지혜(wisdom)의 시'로 영근 것이다.

그동안 얼마나 많은 고통과 비애와 슬픔이 이 세상에 있었을까? 얼마나 많은 사람들이 전쟁과 나라 안의 내분과 수없이 되풀이되는 정치·경제·종교적 착취와 불의로 인해서 절망하고 탄식하며 죽어갔을까? 지금까지 사람들은 그런 모든 일들을 겪으면서도 이 지혜의 시를 읽고 위로를 받았을 것이며, 다시 마음을 다잡고 새롭게 삶을 시작했을 것이고, 무엇이 義의 길인가를 알기 위해서 하늘의 말을 들으려고 노력했을 것이다. 거기서 '궁극'이 무엇이고, 선한 사람들에게 '지복'을 약속했다면 그것이 무엇인가, '죽음 이후'와 어떻게 연결이 되며, '영생'과 '부활'이 무엇인가, 라는 등의 질문들을 계속했을 것이다. 너무 억울함이 크고, 불의가 계속되는 것 같으며, 현재의 삶은 여전히 고통과 더불어 이어지기 때문이다.

II. 세월호 참사: 인류 삶을 지탱해온 세 원리의 붕괴

일찍이 함석헌 선생은 앞으로 인류의 삶이 지금까지 그 캠프를 지켜오던 세 기둥인 '민족'과 '소유권', '가정'이 크게 요동치는 혼란을 겪게 될 것이라고 내다보았다.[1] 나는 지난 해 4월 16일 대한민국 진도 앞바다 팽목항에서 발생해서 우리가 겪고 있는 세월호 참사야말로 이 내다

봄을 적나라하게 적중시킨 사건이라고 본다. 세월호 참사가 발생한 이후 사람들이 제일 많이 던진 질문 중 하나는 '이것이 국가인가?'라는 것이었다. 곧 1주기가 되어가는 오늘의 시점에도 광화문 광장에 걸려있는 구호에는 "(세월호 참사는) 국가가 국민을 구조하지 않은 사건입니다"라는 것이 있다. 지금까지 대한민국은 근세에 나라를 잃어버린 경험도 했고, 또 입이 닳도록 반만년 단일민족을 이야기하는 데서도 드러나듯이 '국가'와 '민족'은 그들 행위의 도덕적 기초였고 기둥이었다. 그런데 지금 그것이 흔들리고 있다. 국가가 자국민을 상대로 해서 학살과 전쟁을 일으킬 수도 있다는 것이 감지되면서 지금까지 생각하던 '국가'와 '민족'에 대한 생각과 가치관이 크게 요동치고 있는 것이다.

20세기 들어서 세계에서 유래가 없는 집약적인 근대화를 겪은 한국 사람들에게 '소유'와 '경제'는 모든 것 중의 모든 것이었다. 그 근대적 산업화의 과정을 어느 지역보다도 농축적으로 체현하고 있는 산업도시 '안산'에서의 삶도 바로 그것이었다. 그러나 이번 세월호 참사를 겪으면서 사람들은 지금까지 소유권과 부르주아적으로 축소된 핵가족에 저당 잡힌 삶이 얼마나 쉽게 무너질 수 있는가를 깊이 체험했다. 철저히 기업 국가로 전락한 정치와 경제의 불의한 합병 속에서 일반 국민들과 세월호 유족들은 자신들이 온통 경제와 소유권의 노예였음을 뼈저리게 느낀다.

---

1 함석헌, "5.16 어떻게 볼 것인가", 『함석헌 다시 읽기』(노명식 지음, 책과함께, 2011), 622.

세월호 유족들은 대한민국의 여느 소시민과 마찬가지로 지금까지 '가정'을 위해서 참으로 수고해 왔다. 핵가족의 자식을 위해서 부부가 힘을 합해 일해 왔으며, 그 가운데서 자식들도 부모의 처지를 이해하면서 미래의 또 다른 가정과 가족을 위해서 참고 노력해 온 것을 잘 알 수 있다. 지난 1월에 출간된 『금요일에 돌아오렴 - 240일간의 세월호 유가족의 육성기록』도 보면 잘 읽을 수 있다. 그들에게 가족은 삶의 목표였으며, 자식은 기쁨의 원천이었고 지지대였으므로 자식을 잃었다는 것은 모든 것을 잃은 것을 의미했다. 그래서 그들은 그 자식을 잃고 더 이상 삶의 의미를 찾지 못하고 방황하고, 이러지도 못하고 저러지도 못하면서 어쩔 줄을 모른다:

승희 보내고 삶이 완전히 바뀌었어요. 인생에 즐거운 것도 없고, 삶에 의욕도 없고, 사람들도 싫고. … 억울하고 분한 마음밖에 없는데 뭐가 들리겠어요. … 일도 진작 그만뒀어요. … 우리 딸 없는 세상에서 돈 벌어 잘살면 뭐하나 싶고, … 이사 갈 생각도 해요. … 아는 사람들이랑 마주치기도 싫어서 … 저는 시도 때도 없이 울고 다녀요. 사진 보다 울고, 밥 먹다가 울고, 길 가다가도 울고, … 승아 있는데 그러면 안 되는 거 알지만 승희 없는 세상에서 인생이 길어질까 무섭고… 어떻게 살아야 할지 답이 없어요. 앞이 컴컴해요. 내 목숨 내가 어떻게 못하니 살긴 살겠지만 진짜 평생을 이렇게 살아야 한다니….2

2 416 세월호 참사 시민기록위원회 작가기록단 씀, 『금요일에 돌아오렴』 (창비, 2015),

III. 몸의 끝이 모든 것의 끝인가?

몸의 부재와 '죽음'까지 불러온 불의를 겪고서 사람들은 이처럼 방황한다. 몸의 죽음 앞에서 누군들 흔들리지 않겠으며 '두렵지' 않을 것이고, 몸의 부재 후에 무엇이 더 남을 수 있는가 묻지 않을 수 없다. 마가복음 9장 30-32절과 누가복음 9장 43하-45절에는 예수께서 앞으로 다가올 자신의 수난과 죽음을 예고하는 장면이 나온다. 거기에 대한 반응으로 제자들은 그것에 대해 "예수께 묻기조차 두려워하였다"라는 서술이 나온다. 보통 몸의 끝은 모든 것의 끝으로 여겨지므로 우리는 그 무근저를 두려워하고, 그러나 한편으로 그 끝과 죽음을 불의하게 맞이한 사람들에게는 그것이 모든 것의 끝이 될 수 없고, 결코 그렇게 생각할 수가 없다. 죽음이 모든 것의 끝이라는 생각에서 매우 두렵고, 그렇지만 '죽음 이후'에 대해서 우리가 생각하고 아는 바가 너무 적으므로 그 끝에 대해서 말하기조차 두려워하며 침묵하고 외면한다.

> 하느님의 존재에 대해서도 어떻게 평가해야 하는지 모르겠어요. 하느님의 자비가 느껴지지 않는 상황이 벌어진 거니까 처음에는 하느님을 부정하게 되잖아요. 저는 갈 데가 없어서 결국 하느님한테 다시 돌아갔어요. 천국이라는 희망조차 없으면 우리 채원이는 그저 암흑일 뿐이니까요.[3]

76-82.

예수 시대도 그랬고 오늘 우리 시대에서도 '보수주의자들'(con-servative)은 자신들이 이미 이룩한 것, 기득의 것을 영구히 '보존'(con-serve)하려고 악과 불의를 저지른다. 가장 극단적인 방식으로 몸의 끝이 모든 것의 끝이라고 여기면서 타인의 몸을 죽이는 방식으로 자신들의 보존에 위협이 되는 대상들을 제거해 버린다. 그런데 그 죽임을 행한 자들도 몸의 끝이 모든 것의 끝이 아님을 어렴풋이 느끼면서 두려움에 떤다. 예수 시대의 선지자 요한을 살해한 살인자 헤롯왕도 이후의 예수의 활동을 듣고서 혹시 그 예수가 자신이 불의하게 살해한 헤롯이 다시 살아난 것이 아닌가 하고 불안에 떨며 그 행태를 자세히 알아보라고 명했다(눅 9:7-9).

세월호 희생자의 유족들처럼 "세상 사람들이 다 지켜보는 가운데 살아서 '수장'을 당해야 했던 내 아이"를 잃어버린 경우라면 몸의 죽음이 모든 것의 끝이라는 생각을 결코 용납할 수가 없다. 그래서 우리는 '죽음 이후'와 '고통 속의 빛'과 '부활'과 '영생'에 대해서 이야기하고 또한 그래야 한다. 여기에 더해서 불의하게 살생한 자들의 피할 수 없는 두려움도 몸의 끝이 모든 것의 끝이 아니라는 것을 증거하니 '죽음 이후'와 '영'과 '정의'에 대해서 이야기하지 않을 수 없다. 이렇게 '하느님의 존재'와 '정의'의 물음은 '죽음 이후'와 '영'과 '지복'의 물음으로 연결되고, 오늘 세월호 참사를 겪는 한국 사회는 이 물음을 더 이상 회피할

---

3 같은 책, 218.

수 없다.

IV. 몸의 끝과 영(靈) 이야기

신약성서가 전하는 예수 생전의 활동에서 죽음과 관련한 이야기 중
에 회당장 '야이로의 딸' 이야기가 있다. 마가복음 5장 21-43절도 같은
이야기를 전하지만 특히 누가복음 8장 49절 이하의 표현에 주목한다.
죽어가던 딸을 살려달라고 간청하는 야이로를 따라 예수는 그 집에 가
시지만 도착하기 전에 아이는 이미 죽었다고 한다. 사람들은 죽은 그
아이로 인해 울며 애도하고 있었고, 예수가 도착하여 그 아이가 죽은
것이 아니라고 하자 그 말을 비웃었다고 한다. 그러나 예수께서 그 아이
의 손을 잡고 "아이야 일어나라"하자 **"그 아이의 영이 돌아와서, 그 아이
가 곧 일어났다"**(눅 8:55)라고 전한다.

이 이야기의 표현대로라면 몸의 죽음은 영이 몸 밖으로 나가는 것이
고, 그래서 그 영으로 인해서 몸의 끝이 모든 것의 끝이 아니라는 것을
증거한다. 공관복음서에는 없고 요한복음만 전하는 마르다와 마리아
자매의 오빠 나사로의 이야기도 죽은 지 나흘이나 지났지만 예수가 다
시 살려내셨다고 전하고, 그렇게 다시 살아난 나사로를 당시 유대의 기
득권자였던 대제사장들이 예수와 더불어 죽이려 했다고 한다. "그것은
나사로 때문에 많은 유대 사람이 떨어져 나가서, 예수를 믿었기 때문"
(요 11:11)이라고 하는데, 이렇게 '죽음 이후'와 부활 이야기가 사람들

로 하여금 다시 궁극과 영원과 하나님 신앙에로 시선을 돌리게 하는 강력한 기제가 됨을 알 수 있다.

오늘날 우리 시대 그리고 기독교 성서 밖의 '죽음 이후'와 '영'에 대한 이야기도 몸의 끝이 모든 것의 끝이 아니라는 우리들의 성찰에 큰 울림을 준다. 그래서 우리로 하여금 더욱 진지하게 현재에서의 義뿐만이 아니라 과거에 대한 義도 성찰하고 행위하도록 한다. 80년 5월 광주의 상처에 대한 더할 수 없는 깊은 시선인 소설가 한강의 소설 『소년이 온다』는 죽은 이들의 혼을 불러 이야기를 풀어나간다:

산 사람이 죽은 사람을 들여다볼 때, 혼도 곁에서 함께 제 얼굴을 들여다보진 않을까.

혼은 자기 몸 곁에 얼마나 오래 머물까.

그들이 다가왔어. 얼룩덜룩한 군복에 철모를 쓰고, 팔엔 적십자 완장을 차고서 빠르게. 그들은 2인 1조로 우리들의 몸을 들어 올려 군용 트럭에 던져 넣기 시작했어. … 난 내 몸을 놓치지 않으려고 뺨에, 목덜미에 어른어른 매달려 트럭에 올라탔어.

나를 죽인 사람과 누나를 죽인 사람은 지금 어디 있을까. 아직 죽지 않았다 해도 그들에게도 혼이 있을 테니, 생각하고 생각하면 닿을 수 있을 것 같았어. 내 몸을 버리고 싶었어. 죽은 그 몸뚱이로부터 얇고 팽팽한 거미줄같이 뻗어 나와 끌어당기는 힘을 잘라내고 싶었어. 그들을 향해 날아가고 싶었어. 묻고 싶었어. 왜 나를 죽였지. 왜 누나를 죽였지. 어떻게 죽였지.[4]

우리 시대의 또 다른 문학가 공지영도 나름으로 '죽음 이후'의 체험을 소개한다. 그녀가 알고 있던 한 스위스 이민자 여성이 갑작스럽게 사랑하던 아이를 잃는다. 특히 그때까지 신앙과는 거리가 멀게 살아왔던 그 남편이 많이 괴로워했다고 한다. 하지만 남편은 고통가운데서 신앙을 갖게 되었고, 아이가 죽기 전 가족들이 함께 갔던 한 순례지에서 죽은 아이를 다시 만나는 체험을 한 것을 전한다:

소피아, 나 아이를 만났어. 아이가 내게 왔어! ⋯ 아이는 그 모습 그대로 빛으로 왔어. 그리고 내게 말했어. 아빠, 슬퍼하지마. ⋯ 울지마, 아빠. 우리의 생은 여기서 끝나는 게 아니야. 우린 다시 만나게 될 거야.[5]

아이는 그렇게 거기서 한 시간 이상을 머물며 아빠와 이야기를 나누고 갔다고 한다. 공지영은 이런 이야기를 듣고서 그 언니에게 "세월호 엄마들을 위해 언니 이야기 꼭 쓰고 싶어"라고 했고, 자신의 딸에게 사

---

4 한강, 『소년이 온다』(창비, 2015), 13-52.
5 공지영, 『수도원 기행2』(분도출판사, 2014), 176-177.

람이 하늘나라에 가는 것을 아기가 엄마 자궁을 나와 좁은 산도를 통과하며 고통을 겪고 탄생하는 것으로 비유하면서 거기서는 '난산'과 '순산'이 있지만 난산이었다고 해서 태어난 것을 기뻐하지 않는 것이 아닌 것처럼, 세월호 아이들이 하늘나라에 난산을 통해서 간 것으로 생각하면 어떨까 이야기한다.

　이 세상이 끝이 아니라 저세상이 있다는 믿음이 있는 우리 신앙인들에게는 어쩌면 죽는 것도 꼭 나쁜 일만은 아닐 수도 있습니다.
　어떤 의미에서 신앙이란 자기 자신의 유한하고 불확실한 지식을 초월하려는 '정신의 개방'이다.

이 말은 나치에 의해 수용소에 끌려가 사망한 유대인 여성 철학자 에디트 슈타인(Edith Stein)이 했다고 전한다.[6]

V. 예수의 부활 논쟁과 산 자의 하나님

　공관복음서 모두에 나와 있는 예수 행적 중에 사두개파 사람들과의 부활논쟁이 있다. 당시 부활이 없다고 주장하는 사두개인들은 예수를 곤경에 빠뜨릴 요량으로, 모세의 율법에 따라 형이 자식 없이 아내만

---

6 같은 책, 178-179.

남겨두고 죽는 경우 동생이 그 여자를 맞아들여 자식을 낳아주어야 하는데, 이렇게 일곱 형제가 모두 한 여성의 남편으로 살다 간다면 부활의 때에 누가 그녀의 남편이 되는가 하고 물었다. 거기에 대해 예수는, "사람이 죽은 사람들 가운데서 살아날 때에는 장가도 가지 않고 시집도 가지 않고, 하늘에 있는 천사들과 같다." "하나님은 죽은 사람의 하나님이 아니라, 살아있는 사람의 하나님이시다. 너희는 생각을 크게 잘못 하고 있다"(막 12:25-27)라는 것이었다.

여기서 예수도 부활을 말씀하시니 몸의 끝이 모든 것의 끝이 아님을 증거하신 것이다. 하지만 그는 더 나아가서 "하나님은 죽은 자의 하나님이 아니라 산 자의 하나님이다"라고 응수했다. 나는 이것을 우리가 몸의 끝을 겪고 맞이하는 부활의 시간에도 결코 놓지 못하는 이 세상적인 '자아'나 '자기 정체성'의 이 세상적인 구별과 한계도 포기할 것을 요구하시는 언어라고 이해할 수 있다고 본다. 즉 우리가 그렇게 그 포기를 두려워하고 힘들어하는 우리 '정체성'이나 '개체성'도 어쩌면 또 하나의 죽은 틀에 대한 고집이고, 그것은 우리가 이미 앞에서 비판한 이 세상에서의 보수주의자들처럼, 다른 차원이긴 하지만 유사하게, 이미 과거에 이룬 것과 성취한 것을 영구히 보존하려는 또 하나의 불신앙으로 볼 수 있다는 것이다. 여기에 대해서 '산 자의 하나님'을 믿는다는 것은 그런 경계와 나눔, 개체성에 대한 고착을 내려놓은 것이리라 여긴다.

산 자의 하나님에 대한 신앙은 모든 종류의 고착과 실체론, 보수주의를 흔든다. 기독교회가 믿는 하나님은 바로 그런 하나님이고, 예수가 그것을 가르쳤지만, 오늘날 한국교회는 그런 산 자의 하나님을 가르친 예수 자신을 다시 박제화 시켜놓고, 그를 실체론적으로 '그리스도'로 고정시켜서 소수의 종교적 특권을 유지 보존하는 일에 이용하고 있다. 거기서 특권계급이란 여성에 대한 남성, 이웃 종교인에 대한 기독교인, 평신도에 대한 성직자 그룹 등이라고 할 수 있다. 이렇게 부활의 날에도 자아에 대한 집착을 버릴 수 없을 만큼 우리는 자아 중심적이고, 몸에 대한 집착이 크고, 또 그것을 억울하게 잃었을 경우는 더욱 그러할 것인데, 나중에 '천당'에 가서 죽은 아들딸들을 다시 만나보는 것이 유일한 삶의 의미라는 세월호 엄마들에게 '산 자의 하나님'에 대한 믿음을 가지고 그 지경까지 가야한다고 요구하는 것은 너무 무리한 것인가 하는 생각을 한편으로 해본다.

다윈 이후의 현대 진화론과 신학과의 대화를 진지하게 수행하는 신학자 존 F. 호트에 따르면 하나님의 진정한 창조 원리는 자신을 비우고 내어주면서 상대방으로 하여금 오히려 그 자신이 되도록 하는 "하나님의 자기 비움"(the humility of God)이다. 그런 의미에서 '자연 선택'(natural selection)을 말하는 현대 진화론과 신학이 서로 대치되는 것이 아님을 강조한다. 따라서 현대 진화론을 받아들인다고 해서 창조와 역사 속에서 관여하시는 하나님의 계획과 뜻을 부정하는 유물론적 무신론을 받아들이는 것이 아니라고 밝힌다. 같은 맥락에서 우리의 죽음도 우리가 이 땅에서의 생애 동안 다른 사람들 및 자연 세계와 맺은 관계들로 구성되어 있는 개인적 중심에서 해방되어 우주와 더 깊은 참여로 나아가는 개인적 여정으로 유추한다.7 창조와 진화의 참 원리는 그렇게 '자기 포기'이고, '자기 비움'이며, '연약함과 겸손의 원리'라고 밝히는데, 이것은 인류의 다양한 종교적 성찰들이 하나같이 공통으로 강조하는 내용이다.

'몸의 부활'을 강조하는 기독교는 이 자기 비움의 원리를 '여기·지금'부터 실행하는 것을 강조한다. "누구든지 내 뒤를 따라오려거든, 자기를 부인하고, 날마다 자기 십자가를 지고 나를 따라오너라"(눅 9:23)라는 말씀대로 끊임없이 자기를 비우고 포기하면서 사랑과 겸손으로 나아갈 것을 강조하신다. 예수는 "너희의 義가 서기관이나 바리새파 사람들의 義보다 더 낫지 않으면 결코 천국에 들어갈 수 없다"(마 1:20)라고 했다. 부활의 때에 개인적 개체성도 비우는 것이야말로 바리새파의 보수주의를 넘어서는 것이 아닐까? 이번 세월호 유족의 한 어머니에게서 이 자기 개체성 포기와 극복의 성취가 이미 이 땅에서부터 이루어지고 있는 것을 본다:

> 그의 이야기 속에는 제훈이를 가리키는 '우리 애'와 다른 아이들을 표현하는 '우리 애들'이 섞여 있다. 그의 시간 속에는 제훈이와 제훈이가 아닌 아이들의 경계는 희미해졌다. '우리 애'라고 말할 때 그것은 '우리 애들'의 이야기가 되고 떠난 아이들을 말할 때에 그것은 또한 어느 새 우리 옆에 살아 있는 아이들의 이야기가 된다. 우리를 품은 그리고 우

---

7 존 F. 호트/박만 옮김, 『다윈 이후의 하느님-진화의 신학』 (한국기독교연구소, 2011), 86-99.

리를 향한 이야기가 된다.[8]

독실한 가톨릭 신자인 제훈이 어머니는 성당에서 죽은 사람들을 위한 위령의 달로 지내는 11월에 아들을 위해서 기도하다가 "갑자기 내 아들뿐 아니라 삼백 명이 넘는 다른 영혼들도 느껴지"면서 '그 사람들을 위해서도 기도해야겠구나' 하고 생각했다고 한다. 그녀는 고백하기를, "제가 다른 아이들을 바라볼 수 있게 된 것 만으로도 감사한 일이라는 생각이 들어요. 그날 밤에 꿈을 꿨어요. 여러 사람들이 즐거운 모습으로 단체사진을 찍는 꿈이었어요. '아, 그래. 그 사람들이 전대사를 받았구나' 싶었지요."[9]

VI. 생명의 연속성과 부활

세월호 참사가 식자들에 의해서 종종 '한국의 홀로코스트'로 비유되기도 한다. 20세기 유대인의 홀로코스트를 세상에 드러내는데 물꼬를 튼 엘리 비젤(Elie Wiesel, 1928-)은 2011년 삶과 죽음을 넘나드는 위험한 심장수술을 받으면서 그 경험들을 삶과 죽음, 죽음 이후 등에 관한 깊은 성찰로 풀어냈다. 잘 알려져 있다시피 그는 유대인 대학살의 비극

---

8 416 세월호 참사 시민기록위원회 작가기록단 씀, 『금요일에 돌아오렴』, 312-313.
9 같은 책, 330.

을 십대에 겪었고, 거기서 모든 가족들을 잃고서 살아남아서 살아남은 자로서 온 힘을 다해 인간의 미움과 절망, 폭력, 무신성에 대해서 싸워 온 사람이다.

그는 자신의 세대는 때때로 하나님에게 버림 받았고, 인간성으로부터 배반당한 세대였다고 고백한다. 그렇지만 그럼에도 불구하고 어떻게 인간이 그 잔인성으로부터 한 번에 완전해 질 수 있겠느냐고 반문하면서, 그렇다고 인간성에 대한 믿음으로부터 돌아서겠냐고 되묻는다. 삶의 긍정과 인간성에 대한 신뢰와 가족과 이웃과 말과 신앙의 전통에 대한 믿음을 놓지 않은 것이다. 자신이 그렇게 하나님 신앙을 놓지 않는 이유를, 그는 바로 "자신이 스스로의 기억에서도 그렇고, 자기 민족과 조상들의 기억에서도 아주 오래된 하나님 신앙을 실행하는 마지막 자가 되지 않기 위해서"라고 한다. 그리고 마지막으로 쓰기를, 지금까지 자신의 모든 삶과 활동이 자기 부모와 조상들의 "살해당한 꿈과 희망"(murdered dreams and hopes)에 바쳐진 것이라고 한다.[10] 자기 어머니 아버지, 할머니 할아버지, 자기 조상들이 삶의 온갖 고통 속에서도 죽음이 아니라 삶을 마지막 언어로 선택해온 전통을 자신도 따르고 있음을 고백을 한 것이다. 일찍이 그는 나치 수용소 경험을 폭로한 글 『밤』(*Night*)이라는 작품에서 다음과 같이 썼다:

---

10 Elie Wiesel, *Open Heart*, trans. by Marion Wiesel, Random House, New York, 2012, 72ff.

나는 결코 잊지 않겠다. 나의 살고 싶은 간절한 소망의 영원성을 모조리 빼앗아간 이 칠흑 같은 침묵을. 나는 결코 잊지 않겠다. 내 하나님과 내 영혼을 살해하고, 또한 나의 꿈들을 모두 잿더미로 화하게 한 이 순간들을. 나는 결코 이것들을 잊지 않겠다. 설사 내가 하나님도 마찬가지로 살아남게 되었다 하더라도…(… Never shall I forget those moments that murdered my God and my soul and turned my dreams to ashes…).

이렇게 하나님도 살해당하는 끔직한 경험을 한 후에도 그는 하나님은 "죽음이 우리를 이끄는 것이 아니라 삶이 우리에게 길을 보여준다"(death is not meant to guide us: it is life that will show us the way)라는 것을 가르치신다고 지적한다. 나는 세월호 유족들도 이런 믿음이길 바란다. 우리가 몸의 끝이 모든 것의 끝이 아니라고 말하는 것은 바로 이러한 생명의 연속성에 대한 믿음을 표한 것이고,11 우리가 믿는 하나님이 죽은 자의 하나님이 아니라 산 자의 하나님임을 믿는 것이 바로 이것이라고 여긴다. 맨 앞에서 들었던 시편 1편의 총괄적인 뜻이고, 부활도 그렇게 우리들의 신앙과 더불어 오는 것이라고 생각한다.

---

11 이은선, 이정배 함께 지음, 『묻는다, 이것이 공동체인가』 (동연, 2015), 154 이하.

VII. 영생과 우리의 본분

그런 생명의 연속성에 대한 믿음이 우리로 하여금 어떻게든 세월호의 진상을 규명하는 일에서 포기하지 않도록 한다. 제대로 된 진상 규명과 더불어 '사실'(factual truths)이 밝혀져서 그것이 우리 공동 삶의 토대가 될 때 용서도, 미래의 약속도 있을 수 있기 때문이다. 그렇게 우리 중 어느 누구의 삶도 허공에서 시작되지 않는다. 누군가가 이루어 놓은 토대 위에서 새롭게 시작하는 것이고, 그래서 그 토대 위에서 시작한 우리 몸의 삶도 그 끝을 맞이할 때 또 하나의 인간성의 돌을 쌓아놓은 것이기를 바란다. 몸이 없이는 벽돌을 쌓을 수 없고, 몸의 부활을 강조하는 그리스도교의 부활은 그처럼 우리 몸의 삶을 의미 있게 살 것을 촉구한다. 세월호의 한 엄마가 그것을 다음과 같이 잘 표현해 주었다:

어쨌든 진실이라는 목표 하나 보고 달려가다 보면 목적지에 다다를 수 있을 것 같아요. 그렇지만 내가 끝장을 봐야 해, 내가 결과를 내야 해 그런 생각은 아니에요. … 어쨌든 내가 할 수 있는 만큼 최선을 다해서 간다. 그거예요. 이 길 가다보면 또 다른 사람들이 있으니까. 우리 가고 난 뒤에 다른 사람들이 언젠가는 밝혀줄 거다, 그건 확신해요. 우리가 앞서서 얼마만큼 가줬으니까 다음 사람들이 거기에서부터 출발하면 되니까.[12]

---

12 416 세월호 참사 시민기록위원회 작가기록단 씀, 『금요일에 돌아오렴』, 159-160.

세월호의 한 아버지는 이 싸움은 '엄마들'이 앞장서서 싸우는 것이기 때문에 결코 쉽게 끝나지 않으리라는 믿음을 표현했다.[13] 엄마들이 생명운동의 전사들이다. 이들의 싸움은 그 생명의 가장 처절한 형태인 죽임에 대한 싸움이므로 죽음을 넘어서 갈 것이고, 온갖 고통을 넘어서 생명의 빛을 따라 부활과 영생으로 나아갈 것이다:

그런데 그 새벽에 희한한 음성이 들리기 시작했어요. 멍 때리고 앉아 있으면 "엄마, 왜 그래?" 하는 호성이 목소리가 자꾸 들려요. 옆에 있는 것처럼. 그러니까 '어! 똑바로 살아야지!' 하는 생각이 드는 거예요. … 여기서 포기해 버리면 나라가 버린 내 자식을 부모가 또다시 버리는 셈이니까. 죽어서 내가 우리 애를 어떻게 봐요, 그래서 이 말주변 없는 엄마가 전국을 다니면서 간담회를 하게 됐어요. 뭐라도 알려야 될 것 같아서. 잊히는 게 무서워서.[14]

우리 모두는 용서와 약속이 없이는 살아갈 수 없는 상대성의 존재들이다. 이 세상에서 불의한 사람들도 마찬가지이다. 그들에게도 몸의 끝이 있고, 또 그 몸의 끝이 모든 것의 끝이 아니기 때문이다. 용서와 약속은 그래서 하나님의 부활의 언어이다.

---

13 같은 책, 308.
14 같은 책, 122, 128.

세월호 참사와 우리 희망의 근거
: 세월호 1주기, 몸의 끝이 모든 것의 끝인가*

감춰진 것이 드러나지 않을 것이 없고 숨은 것이 알려지지 않을 것이 없나니 이러므로 너희가 어두운데서 말한 모든 것이 광명한데서 들리고 너희가 골방에서 귀에 대고 말한 것이 집 위에서 전파되리라. 내가 내 친구 너희에게 말하노니 몸을 죽이고 그 후에는 능히 더 못하는 자들을 두려워하지 말라. 마땅히 두려워할 자를 내가 너희에게 보이리니 곧 죽인 후에 또한 지옥에 던져 넣는 권세 있는 그를 두려워하라. 내가 참으로 너희에게 이르노니 그를 두려워하라(누가복음 12:2-5).

---

* 처음 세월호 참사 1주기를 맞이하여 2015년 4월 13일 〈감리교시국대책위원회〉 주관의 '세월호 참사 1주기 기억을 위한 기도회'에서 한 설교문이다.

I

세월호 참사가 일어난 지 1년입니다. 많은 것들을 이야기할 수 있습니다. 다른 모든 이야기를 접어두고 저는 오늘 한 가지 주제에 집중해보고자 합니다. '죽음'에 대해서 입니다. 304명의 인명이 전혀 예기치 못한 참사로 죽음을 맞이했고 떠나갔습니다. 그중에 아직 9명은 장례조차 치르지 못하고 있습니다. 이렇게 참으로 비참하고 어이없게 많은 사람들이 죽자 남겨진 가족들과 곁의 사람들, 대한민국 국민들은 처음에는 생각했습니다. 많은 것이 변할 것이라고, 우리 정치와 교회와 경제활동의 많은 방식들이 변할 것이라고. 하지만 1년이 지난 오늘 우리가 목도하는 것은 변한 것, 변하는 것이 거의 없다는 것입니다.

II

그래서 지난 1년을 말로 할 수 없는 고통과 투쟁, 의심과 좌절, 절망을 겪고서 우리 질문과 고통은 그 막바지에 몰려서 다시 묻습니다. 죽음에 대해서, 몸의 끝에 대해서. 그것이 무엇일까? 그렇게 많은 사람들이, 더군다나 그중에서는 아직 삶의 꽃을 피워보지도 못한 어린 학생들이 그렇게 많은데, 죽음이 모든 것의 끝인가? 몸의 끝이 모든 것의 마지막인가?

억울하게 죽음을 불러온 세력은 몸의 끝을 모든 것의 끝으로 여겨서 아무 것도 해주려 하지 않고, 변하려 하지 않습니다. 몸의 끝을 불러오는 일을 성취했기 때문입니다. 그래서 그들은 값싼 몸값을 얼마 던져주고 모든 것을 묻으려 합니다. 하지만 그들과는 달리 억울하게 죽임을 당하고, 아직 그들을 떠나보내지도 못한 사람들은 몸의 끝을 모든 것의 끝으로 인정할 수 없습니다. 그래서 어떻게든 진상을 밝히려 하고, 진실을 얻어내려고 하면서 죽을듯한 고통 속에서 신음하면서 싸우고 있습니다.

III

이렇게 세월호 참사 이후의 우리들에게 '죽음'의 주제는 더욱 다가옵니다. 시대는 우리로 하여금 여러 측면에서, 여러 사람들의 성찰과 믿음과 더불어 몸의 끝에 대해서 다시 생각해 볼 것을 요청합니다. 지난 한겨레신문 3월 28일자 판에는 '죽음학 전도사'라는 말을 듣는 서울대병원 소화기내과 의사 정현채 박사와의 긴 인터뷰 기사가 실렸습니다. 그는 의사로서 수없이 많은 죽음을 보았지만 나이 오십을 바라보던 10여 년 전까지는 그것이 자신과는 전혀 관계없는 일로 여겼다고 합니다. 그러다가 우연찮게 그즈음서부터 죽음에 대해서, 그러나 어떤 종교적 교리나 문화적 전통에 의한 믿음이 아닌 실제로 '사실'이 무엇인지, 죽음에 임박해서 어떤 일이 일어나는지 알고 싶었다고 합니다. 그래서 세계에서 근사체험을 연구하는 여러 연구가들의 도움을 받아 탐구에 나섰고 지금은 "죽음은 꽉 막힌 돌담 벽이 아니고, 다른 차원으로 이동하는 열린 문"인 것을 증거하는 사람이 되었다고 합니다. 그는 "그건 실재

할 뿐만 아니라 장엄하고도 장대한 세계입니다." "너무나 많은 증거들이 있기 때문에 없다고 말하기 곤란하다"라고 말합니다. 그는 "근사체험은 의학의 한 연구 분야로 발전하고 있다"고 전합니다.

IV

오늘 책임과 진실규명 대신에 거짓과 겁박, 위협으로 우리 앞을 거대한 벽으로 가로막고 있는 체제로서의 정부와, 그와 유사하게 그 체제에 아부하면서 같은 모습으로 변해가는 교회와 종교로 인해서 많은 좌절과 분노, 억울함과 두려움에 빠져있는 사람들에게 이러한 이야기는 한 줄기 빛이 되기도 합니다. 사실 예수의 전 생애와 죽기까지 하면서 사람들에게 들려주려고 했던 그 이야기의 핵심도 바로 몸의 끝이 모든 것의 끝이 아니라는 복음이었다고 말할 수 있습니다. 당시 예수는 오늘의 의학자 정현채 박사가 그런 것처럼 '사실'로 이야기할 수 없었습니다. 하지만 바울이 잘 표현한 대로 먼저는 거울로 보는 것같이 희미하게 보지만 때가 되면 얼굴과 얼굴을 대면하는 것처럼 확실하게 볼 수 있을 것이라고 믿으면서 많은 표적과 말씀 선포로 그 하나님 나라에 대한 믿음을 죽기까지 증거한 것이라고 생각합니다. 그는 당시의 사람들이 정치와 종교의 거대한 체제적 폭력 속에서 오늘 우리 시대 세월호를 불러온 사람들처럼 참사에서 죽임을 불러온 자는 몸의 끝이 모든 것의 끝이라고 생각해서 그런 일을 벌였고, 죽임을 당한 자도 좌절과 고통 속에서 몸의 끝이 모든 것의 끝이라고 여기며 절망에 빠져있는 것을 보고서,

"내가 진정으로 진정으로 너희에게 말한다. 믿는 사람들에게는 영생이 있다"(요 6:47-50)라고 외쳤습니다.

V

하지만 이렇게 다시 '영생'을 말하고 '몸의 끝이 모든 것이 끝이 아니'라고 말하면 그것이 혹시 예전의 잘못된 영육이원론이나 이 세상에서의 불의와 억압에는 눈감는 중세적 저세상주의에 빠지는 것은 아닌지 묻게 됩니다. 거기에 대해서 저는 다시 "하나님은 영이시다 하나님께 예배를 드리는 사람은 '영과 진리'로 예배를 드려야 한다"(요 4:24)라는 말씀을 드리고 싶습니다. 예수는 여기서 '영과 진리'라는 두 가지 방식을 분명히 말씀하셨습니다. 저는 여기서 우리가 '영'으로 예배를 드린다는 것은 '몸의 끝이 모든 것의 끝이 아니다'라는 믿음을 오늘의 모든 현실적 그러함에도 불구하고 지속적으로 견지하는 것을 말하고, '진리'로 예배를 드리는 것은 우리의 영으로 드리는 예배 속에 여기·지금의 거짓과 불의에 대해 싸우는 투쟁과 저항을 함께 포괄하는 일이라는 것을 말씀하시는 것으로 이해합니다. 그래서 우리가 몸을 입고 이곳에 사는 동안 온 힘을 다해서 이세상의 불의에 항거하고 거짓과 억압을 밝히기 위해서 싸우는 일을 결코 그만두어서는 안 되겠습니다. 우리가 영과 더불어 몸으로 사는 것은 참된 '영적 진화'란 우리 몸을 통해서 이루어지는 것이지 허공을 헤매는 일이 아니라고 보기 때문입니다.

VI

저는 오늘 우리가 읽은 누가복음의 말씀도 동일한 지혜를 밝혀주고 있다고 생각합니다. 덮어둔 것이라 해도 밝혀지지 않을 것이 없고, 숨긴 것이라도 알려지지 않을 것이 없다고 하시는 말씀은 바로 이 세계가 '진리'의 원리로 치리되는 것을 말하는 것이고, 몸만 죽일 수 있는 사람을 두려워하지 말고, 죽은 뒤에 지옥에 던질 권세를 가진 분을 두려워하라는 것은 영의 영역과 영이신 하나님을 지시하는 것으로 이해합니다. 그래서 우리가 세월호의 진실을 밝히기 위해서 이 몸으로 살아있는 한 최선을 다해야겠습니다. 또한 그러한 가운데 겪는 고통과 두려움이 크다고 할지라도 궁극적으로 몸의 끝이 모든 것의 끝이 아니라는 믿음을 가지고 영원한 절망에 자신을 내어주지 말아야겠습니다. 몸의 끝이 모든 것의 끝이라는 오류에서 끝내 돌아서지 않는 사람들을 예수는 '지옥불에 던져지는 일'로 표현했을 것입니다.

VII

세월호 참사의 진실과의 싸움은 이 땅에서의 괴물과의 싸움입니다. 그런데 인간 역사에서 우리가 드물지 않게 만나는 현실은 괴물과 싸우다가 스스로가 괴물로 변해버리는 일이 종종 일어난다는 것입니다. 인류 역사의 많은 정치적 혁명이 그랬고, 20세기 한국 민주화 운동에서도 거기서 가장 격렬하게 싸웠던 사람이 나중에 변하여 오히려 자신들이 싸웠던 독재자의 편에 서고, 그 모습도 닮아가는 경우를 종종 봅니다. 저는 그러한 불행한 일도 악과 거짓과 싸우는 그 스스로도 몸의 끝이 모든 것의 끝이 아니라는 믿음을 끝까지 견지하지 못했기 때문이라고 여깁니다. 또한 악이 평범할 수 있다는 '악의 평범성'의 사실을 겸허히 인정하는 여지를 남겨두지 않고서 지금 여기서의 싸움에서 모든 것을 이루려는 과도함의 결과가 아닌지 생각합니다. 그런 의미에서 지난 일 년간 죽을 것 같이 힘든 진실과의 싸움을 견디면서도 다음과 같이 고백하는 한 세월호 엄마의 고백이 깊은 신앙으로 다가옵니다:

어쨌든 진실이라는 목표 하나 보고 달려가다 보면 목적지에 다다를 수 있을 것 같아요. 그렇지만 내가 끝장을 봐야 해, 내가 결과를 내야 해 그런 생각은 아니에요. … 어쨌든 내가 할 수 있는 만큼 최선을 다해서 간다. 그거예요. 이 길 가다보면 또 다른 사람들이 있으니까. 우리 가고 난 뒤에 다른 사람들이 언젠가는 밝혀줄 거다, 그건 확신해요. 우리가 앞서서 얼마만큼 가쳤으니까 다음 사람들이 거기에서부터 출발하면 되니까."[1]

VIII

지나간 동아시아의 역사 속에서 한국인들의 마음 밭을 일구어오는

---

1 416 세월호 참사 시민기록위원회 작가기록단 씀, 『금요일에 돌아오렴』, 159-160.

데 지대한 역할을 해온 〈논어〉의 '태백편'에 이러한 정황에 대한 좋은 이야기가 있습니다. 거기서 공자는 "용감한 것을 좋아하되 가난을 싫어하면 난을 일으키게 되고, 다른 사람이 仁하지 못한 것을 너무 미워해도 난을 일으키게 된다"(子曰 好勇疾貧 亂也 人而不仁 疾之已甚 亂也)라고 합니다. 괴물과 싸우되 스스로가 괴물이 되지 않기 위해서 우리가 제일 주의해야 할 것은 '가난에 대한 두려움', '물질'에 대한 유혹을 견디는 것이고, 그 다음은 우리의 악에 대한 미움도 너무 지나쳐서 괴물적이되지 않도록 주의하라는 것입니다. 많은 시사를 줍니다. 저는 이 말씀을 오늘 세월호 1주기를 맞이하는 우리들의 싸움과 갈등, 노력과 좌절에도 적용해 볼 수 있다고 생각합니다. 앞에서도 말했듯이 이 싸움에서 우리들을 끊임없이 옥죄어 오는 가난에 대한 두려움을 견디어내는 일 그리고 악과 더불어 힘껏 싸우고 미워하는 가운데서도 우리의 평상적인 선한 마음을 잃지 않도록 노력하는 일, 이 일을 놓지 않아야 한다는 것입니다. 다시 몸의 끝이 모든 것의 끝이 아니라는 것에 대한 믿음이라고 여깁니다.

또 다른 〈논어〉의 말씀을 보면 "가까운 사람들에게 잘하면 사람들의 인간성이 신장되므로 오래된 것에 함부로 하지 말라"(君子篤於親則 民興於仁 故舊不遺則 民不偸)라고 가르치고 있습니다. 그렇습니다. 이렇게 우리가 고난과 고통에 빠져있을 때일수록 우리의 가족, 가까운 사람과 더욱 잘 지내도록 노력하라는 말씀이겠습니다. 우리 삶의 기초인 그들과의 관계가 틀어지게 되면 이 고통의 날들을 지내기가 더욱 힘들어지게 됩니다. 그러므로 그럴수록 그들과 잘 지내는 것이 중요하고, 힘을 내서 더욱 친밀하고 친절할 수 있도록 노력하고, 옛 관계를 소중히 여기면서 마음을 추스르라는 것입니다. 또한 〈논어〉는 "詩에서 일어나고, 禮에 서며, 樂에서 이루는"(興於詩 立於禮 成於樂) 방식을 말합니다. 즉 풍찬노숙(風餐露宿)의 싸움에서도 때때로 따로 시간을 내어서 예배를 드리고, 책을 읽고, 옆에 다른 사람이 있다는 것을 잊지 말고, 우리의 분노와 절망감을 순화시킬 수 있는 여러 작은 일들을 시도해볼 것을 말합니다. 그런 맥락에서 지난 4월 9일 저녁 광화문광장에서 '세월호의 아픔을 함께하는 신학자들'이 준비한 『남겨진 자들의 신학-세월호의 기억과 분노 그리고 그 이후』의 북콘서트에서 저뿐 아니라 많은 사람들에게 큰 감동과 결단의 의지를 다시 일으킨 것은 SUN스타브라스의 금관악기 연주였으며, 세월호 유족 두 분의 이중창이었다는 것을 말씀드릴 수 있겠습니다. 괴물과 싸우다 괴물이 되어서 우리 내면에 하늘이 주신 거룩한 영, 그 안의 오묘한 인간적인 힘, 모든 그럼에도 불구하고 다시 용서할 수 있고 세상을 믿을 수 있는 바탕을 잃어버리는 것이야말로 몸도 죽고 영도 죽은 일이 아니겠습니까? 그것이야말로 우리가 가장 두려워해야 할 일이라고 예수는 말씀하십니다.

IX

오늘의 근사체험 연구가들은 몸의 죽음 이후를 '사실'로서 이야기합니다. 우리 신앙인들은 그것을 '믿음'(信)으로 말합니다. 믿을 '信' 字는 인간의 '人' 字와 말의 '言' 字가 합해져서 이루어진 글자입니다. 즉 우리가 믿는다는 것은 인간의 언어에 머무는 것, 인간적인 말, 정직하고 진실한 말, 친절한 말, 폭력과 거짓의 언어가 아닌 인간적이고 성실하고 생명을 살리고 북돋아주는 용기와 약속의 언어를 저버리지 않고 지키는 일이라는 것입니다. 이렇게 인간적인 언어를 지키는 일, 거기에 머물러 있는 일이라는 의미의 믿음을 지금부터 300여 년 전 한국의 성리학자 하곡 정제두 선생(1649-1736)은 바로 이곳 안산에서 그것을 "존언"(存言)이라는 고유한 말로 표현해 주었습니다. 그러면서 그렇게 '말에 머무는 것'(존언)의 핵심을 인간 누구나의 마음속에 '살아있는' 그리고 '살리는' 생명의 영인 '생리'(生理)를 저버리지 않는 일로 밝혀주었습니다. 맹자도 이미 믿음이란 "우리 몸에 있는 것"(有諸己之謂信)이라고 한 바 있습니다. 그렇게 우리 모두는 인간적일 수 있고, 서로 믿을 수 있고, 몸의 끝이 모든 것의 끝이 아니라는 것을 알고 믿을 수 있다는 것입니다. 그것이 우리의 '생명근원'(生身命根)이며, 이른바 본래의 '본성'(本性)이라는 것입니다.

X

세월호 참사 1주기입니다. 지금까지의 다른 시민운동과는 차별적으로 이번에는 엄마들이 싸움의 주역으로 나섰고, 생명의 전사로 앞장서고 있습니다. 저는 이것부터가 세월호 참사 진실규명 운동이 여느 다른 운동들과 다르고, 달라야 하는 이유라고 생각합니다. 생명의 잉태자이고 육성자인 엄마들이 주역이 된 운동은 결코 좌절과 절망으로 끝날 수 없습니다. 또한 괴물의 모습으로 변질되는 싸움이 되어서도 안 될 것입니다. 영과 진리라는 두 원리를 가슴에 꼭 간직하고서, 그래서 감춰진 것이 드러나지 않을 것이 없고, 우리가 진정으로 두려워해야 할 것은 몸과 더불어 그 영도 죽이는 것이라는 사실을 잊지 말고서 우리 몸의 생명이 남아있는 한 작은 손사래와 몸짓을 통해서도 생명을 살리는 일에 힘을 다해야겠습니다. 우리가 이미 익히 많이 들어온 아우슈비츠의 생존자와 그 증언자로 살았던 엘리 비젤은 지난 2011년 생사를 가르는 위험한 심장수술을 한 후 다시 한번 우리에게 삶과 죽음, 신앙에 대한 깊은 성찰을 들려줍니다.

그는 하나님은 우리에게 "죽음이 우리를 이끄는 것이 아니라 삶이 우리에게 길을 보여준다"(death is not meant to guide us: it is life that will show us the way)라는 것을 가르치신다고 말합니다. 또한 인간은 "죽기 바로 전의 그 순간에도 여전히 영원하다"(That one instant before dying, man is still immortal)라고 고백합니다. "모든 순간은 새로운 시작이다, (인간의) 모든 손사래는 하나의 약속이다"(every moment is a new beginning, every handshake a promise). "모든 말은 기도가 될 수 있다"(every word can become prayer). "삶이 (모든 그러함에도 불구하고) 축제가 아니라면 우리가 왜 그것을 기억해야 하는가? 만약에 삶이 (우리가) 다른 사람에게 주는 선물과 기여가 아니라면 우리가 이 땅에서 하고 있는 일이 도대체 무엇이란 말인가?"(every word can become prayer. If life is not a celebration, why remember it? If life is not an offering to the other, what are we doing on this earth?)라고

외칩니다. 저는 세월호의 사람들이 그런 것처럼 큰 비참과 고통, 밤을 겪고서도 그 이후 많은 시간이 지나서 다시 몸의 끝을 예견하면서 그가 쓴 이상의 말들을 오늘 세월호 유족과 실종자 가족, 여기 모인 모두와 함께 나누고 싶습니다. 몸의 끝은 모든 것의 끝이 아닙니다. 하나님께 예배드리는 사람은 영과 진리로 예배를 드려야 합니다.

부활은 명멸(明滅)한다
: 4.16 세월호 2주기의 진실을 통과하는 우리들*

이제부터는 내가 너희를 종이라고 부르지 않겠다. 종은 주인이 무엇을 하는지 알지 못한다. 나는 너희를 친구라고 불렀다. 내가 아버지에게서 들은 모든 것을 너희에게 알려 주었기 때문이다(요한복음 15:15).

진실의 힘은 진실을 밝히는 길이 얼마나 고된지 몸으로 알고 있습니다.

---

* 이 글을 처음 쓴 것은 지난 2016년 4월 4일 세월호 2주기를 맞이하여 〈기독교세월호원탁회의〉에서 주최한 포럼 「세월호의 증인, 부활의 증인」를 위해서였다. 이후 시간이 지나면서 지금은 정부가 '세월호특별조사위원회'의 조사활동을 6월30일로 끝난 것으로 공표하면서 더 이상 예산집행도 하지 않는 상태이고, 이에 가족들과 416연대 등은 특별법의 개정을 강력히 요구하면서 무제한 단식 등으로 맞서고 있다. 그 사이 지난 5월 17일 김관홍 잠수사는 세상을 떠났다.

국가의 책임을 추궁하는 길이 얼마나 외로운지 겪어서 알고 있습니다."[1] 사실이 권력의 손에서 안전하지 못한 것은 분명하지만, 여기서의 핵심은 권력은 본질적으로 사실적 실재가 확보하는 안정성을 대신할만한 대체물을 결코 만들어내지 못한다는 것이다. … 사실은 완고성에서 권력보다 우월하다.[2]

마음이 지독하게 슬퍼봤던 자들은 아주 어렵게만 아주 어렵게만 기쁨이 태어난다는 것을 압니다. 그 기쁨에는 아무리 많은 감사도 결코 지나치지 않다는 것을 압니다. 아무리 작은 기쁨도 기적이라고 생각합니다.[3]

I. 2주기를 맞은 4.16 세월호 진실의 오늘

팽목항은 지옥이었다. 산지옥이었다.[4]

내 자식이 저 40m 물속에 있는데 내가 어떻게 할 수가 없는 상태, 거기 있는 게 뻔히 보이는데 꺼내주지를 못하는 상태, 그게 지옥이더라구요. 누구하나 우리한테 똑바로 얘기해주는 데가 없고….[5]

---

1 진실의 힘 세월호 기록팀, 『세월호, 그날의 기록』, (진실의 힘, 2016) 637.
2 한나 아렌트/서유경 옮김, 『과거와 미래사이』(푸른숲, 2005), 347.
3 팟빵 416의 목소리 시그널, 2016.01.13.
4 팟방 416의 목소리 11화 – "아휴, 힘듭니다." 2학년 7반 장동수 군의 아버지 정성욱 님.

이렇게 '산지옥', 지금 이곳에서의 지옥으로 비유되는 팽목항에서의 세월호 참사가 일어난 지 2년이 지났다. 그 사이 〈4.16세월호참사 진상 규명 및 안전사회 건설 등을 위한 특별법〉이 만들어져서 2015년 1월 1일부터 시행되었다. 그 특별법에 따라서 〈4.16세월호참사 특별조사 위원회〉가 구성되어 지난 3월 28일(월)과 29(화)일 서울시청 8층 다목적 홀에서 제2차 청문회가 열렸다. 제2차 청문회 첫째 날의 과제는 세월호 참사의 침몰 원인과 그 당시 선원들의 조치가 어떠했나를 밝혀내는 일이었다. 권영빈, 장완익 위원 등 조사위원들은 정부가 발표한 당시 상황의 세월호 AIS(Auto Identification System, 선박자동식별시스템: 선박이 항해하면서 자기 위치를 자동으로 발신하는 장치) 항적 복원자료와 진도와 목포, 제주의 VTS(해상관제시스템) 복원자료가 혹시 누군가에 의해서 의도적으로 조작되었고 편집되었을 가능성에 대해서 객관적 데이터 분석과 더불어 끈질기게 물었다.

하지만 해수부와 해양청의 증인과 참고인들(임병준 해수부 해사안전관리과 주무관, 김형준 해양경찰청 진도연안 VTS 센터장, 허용범 합동수사본부 전문가 자문단 단장 등)은 참으로 이해되지 않는 방식으로, "잘모르겠다", "기계결함" 등을 말하면서 계속 부인했다. 어떻게 17-18노트(18.52km /1시간)의 속력으로 가던 130m나 되는 큰 배가 외부에서의 간섭이 없었다면 3초 안에 뱃머리의 각도를 좌우로 10도 이상씩 빠르게 바꿀 수

---

5 팟방 416의 목소리 7화 - "아니 난 그냥 야채 장사하던 준형이 아빠라니까?" 2학년 8반 장진형 군의 아버지 장훈 님.

있는지, 왜 사고 당시 인근에서 계속해서 구조를 제안한 둘라에이스호
와의 교신 내용 중에서 가장 가까이 있던 진도 VTS 쪽에서의 대답에만
잡음이 끼어있는지 등의 의혹을 제기했다. 그날 "선내 대기하라"라는
안내방송을 한 강혜성 전 여객부 직원은 자신의 대기 방송이 세월호 선
사인 청해진해운으로부터 지시받은 것이라고 증언했으며, 또한 그때의
급박한 상황 속에서 이준석 선장과 강원식 1등 항해사, 조준기 조타수
그리고 선원들이 함께 조타실에 있었으면서도 대책 회의는커녕 서로
대화조차 하지 않았음이 드러났다.

2차 청문회 두 번째 날을 통해서는 선박 도입 및 운영 과정에서 '한
국선급' 책임자들 및 항만청 관리들과 청해진해운의 밀착, 국정원과의
관계 그리고 선체 인양과 그 이후의 증거 보존 등과 관련해서 질문이
이어졌는데, 도저히 이해되지 않는 노골적인 비리, 태만, 거짓과 방해
등이 한껏 드러났다. 이리하여 이 모든 것들을 통해서 세월호의 진실이
더 밝혀질지 그리고 보존될 수 있을지에 대해서는 의문과 답답함, 안타
까움만이 더해졌다. 이와 더불어 특조위의 활동을 6월 30일로 한정하
려는 정부와 국회에 대해서 올해 말까지 활동 기간을 연장하기 위한 특
별법 개정안을 제출하였고, 또한 해양경찰 지휘부에 대한 특별검사 임
명을 요청했지만 4월 13일의 총선에서 이긴 민주당조차 거기에 대해
주목하지 않고 있다. 지난 청문회에서도 드러났듯이 해수부가 세월호
인양을 특조위 활동이 끝난 이후(7월)로 잡고 있고, 그러면서도 아직까
지 세월호 진실의 핵심 증거인 선체를 인양한 후에 어떻게 보존하고 관
리할 지에 대해서 "계획이 없다"라고 한 것 등은 "세월호는 인양되지만

'진실규명'은 침몰할 위기에 놓여있는 것"이라는 지적이 현실이 되는 것이 아닌가, 라는 의혹을 강하게 품게 한다. 특조위는 청문회에서 쏟아진 각종 의혹과 그동안 접수된 조사신청 건수 중 176건의 진상규명을 남겨두고 있다고 하지만 6월 30일까지는 그 조사가 거의 불가능하다는 것을 잘 예견할 수 있다.

II. 사실적 진리(factual truth)와 정치의 충돌, 생지옥의 다른 말

사실적 진리는, 만약 그것이 특정 집단의 이득이나 쾌락에 반하는 경우라면, 다른 어느 때보다도 더 심한 냉대를 받는다."6 "… '진리의 반대는 수천 가지의 모습이고 무한한 (활동의) 장을 가지고 있다.' 방향 감각과 실재감을 얻기 위해 의존하는 모든 사물의 소름끼치는 동요(動搖)에 대한 경험은 전체주의 통치하에 있었던 사람들의 공통적이고 가장 생생한 경험 중 하나이다.7

이 말들은 아렌트가 지금으로부터 4백여 년 전 르네상스(renaissance, 재탄생) 시기에 프랑스의 몽테뉴가 한 말을 20세기 나치나 스탈린 등의 전체주의를 돌아보면서 다시 음미한 것들이다. 오늘 세월호 참사 청문

---

6 한나 아렌트, "진리와 정치", 『과거와 미래사이』, 316.
7 같은 책, 346.

회를 지켜본 유족들과 국민들도 크게 공감할 이야기들이다. 세월호 가족들은 세월호의 진실이 세 가지 차원에서 변형되고 왜곡되어 지는 것을 말한다. 즉 먼저 왜 그런 참사가 일어났는지, 다음으로 그것이 일어난 후 왜 그렇게 구조를 하지 못했는지, 그리고 마지막으로 그 원인들을 규명하고 진실을 알리는 자신들의 노력과 고통이 왜 그렇게 짓밟혀지고 왜곡되고 있는지에 대한 것이다. 그래서 그들은 사고 당시 팽목항에서 경험한 '생지옥'에서 여전히 벗어나지 못하고 있음을 말하고, 그들이 왜라는 질문에서 벗어나지 못하고 진실을 알리는 싸움을 계속하고 있는 한 사고 이후의 매일의 삶도 역시 "지옥"임을 밝힌다.[8]

> 지금 현재 가족들은 사고 초기나 지금이나 생활은 거의 똑같아요. 지옥이라고 생각을 해요. 그때도, 그때는 진짜 생지옥이었고, 지금은 지옥, 그보다 조금 좀 나아지기는 했으니까. 언론, 그 다음에 바라보는 시선, 그 다음에 압박, 아직도 이런 게 저희들한테는 벗어나지를 못하고 있는 상황이거든요. 가족들한테는. (일 년 내내 지옥을 살고 계신 거군요.) 그러죠. 계속 트집을 잡아서 끌어내릴라 그러고, 없앨라 그러고, 지울라 그러고, 가족들은 어떻게든지 진실규명 할라고 노력을 하는 거잖아요. 그러니까 결국에는 서로 싸우다 보니까 지옥이 되는 거죠. 그렇게. 가족들한테는.

---

8 팟방 416의 목소리 11화 - "아휴… 힘듭니다." 2학년 7반 정동수 군의 아버지 정성욱 님.

여기에 더해서 이번 '팟방 416의 목소리'를 들으면서 내가 뒤늦게 알게 된 더 충격적이고도 끔찍한 사실 하나는 이런 정치와 진실의 충돌이 단지 유족들을 상대로 해서만 일어난 것이 아니라는 것이다. 바로 인간성의 지극하고도 자연스러운 표출이라고 여겨져 오던 '자원봉사자', 그것도 자신의 목숨까지도 내놓고서 팽목항에서 희생자를 수습해오던 민간 잠수사들과의 관계에서도 벌어진 것이다. 이야기의 주인공 김관홍 잠수사의 말에 따르면, 그는 2014년 4월23일 팽목항에 먼저 가있던 후배 잠수사로부터 그곳에 바다로 들어갈 수 있는 잠수사들이 너무 적으니 빨리 와달라는 부탁을 받아 "아내의 허락을 받고" 다른 동료들을 더 모아서 그곳으로 급히 내려갔다고 한다. 당시 언론의 보도는 사고현장에 500여명의 잠수사들이 투입되었다고 했지만 막상 가보니 선내로 진입할 수 있는 잠수사는 7명뿐이었다고 밝힌다. 그때부터 그는 7월 9일 해경이 "달랑 문자 하나로" 그만 철수해 달라고 할 때까지, 즉 배안에 희생자가 열한 분 더 남아있었지만 그들의 요구로 어쩔 수 없이 철수해야만 했을 때까지, 하루에도 몇 번씩 선내로 진입하며 죽음을 넘나들면서, 온갖 비리와 비인간성을 겪으며 열악한 상황 속에서 동료 민간잠수사의 죽음도 목도하며 스스로도 다리부상을 당하면서 일했음을 전한다. 하지만 그렇게 자신들은 "죽음과 맞서서 일하고 있는데" 국회의원들이나 권력자들은 와서 자신들을 배경으로 사진 찍고, 브리핑 받고, 그들이 한 마디씩 던진 말들을 해수부와 해경은 전문가인 자신들에게 다시 명령하고, 심지어는 유족들이 수고한다고 보낸 음식물조차도 제대로 받아보지 못하면서 잘 먹지도 못하고 자지도 못하면서 그 시간들을 보냈다고 한다.

그러나 그것이 끝이 아니었다. 더 끔찍한 일이 기다리고 있었는데, 그것은 해경이 바로 민간 잠수사 이광욱씨의 죽음을 자원봉사자들인 자신들에게 뒤집어씌운 것이다. 2015년 9월 15일 국정감사에서 해경 본부장이 위증까지 하면서 이들을 임금고용인으로 둔갑시키며 절망과 죽음으로 몰고 갔다. 또한 바다 속을 넘나들며 290여 구의 시신을 수습해오는 가운데 얻은 부상을 공무원들의 책임 떠넘기기로 제 때에 치료해주지 않아서 이들 중 누군가는 절망으로 자살하고, 누구는 신장투석까지 하는 지경으로 병이 깊어졌고, 김관홍 잠수사 자신도 더 이상 잠수일을 할 수 없게 되어서 대리운전으로 생계를 이으며 자식들과 더불어 죽으려고까지 했다고 고백한다. 동료 자원봉사 잠수사의 죽음이 '업무상과실치사'로 덧씌워져서 억울한 재판을 받아온 선배 공우영 잠수사에 대한 판결이 2015년 12월 7일, 17개월이나 걸린 지난한 싸움 끝에 '무죄'로 판명되었다. 하지만 자신은 그 일을 위해서 "목숨을 걸고" 증언을 해서 위증을 정정해 낼 수 있었지만, 수개월동안 생업까지 뒤로하고 세월호의 구조에 힘을 쏟던 이들에게 남겨진 것은 "억울함과 외로움 그리고 아픈 몸뿐이었다"고 말한다.9 이렇게 대한민국의 국체와 거기서의 사람들은 뼛속까지 썩어있었고, 그 타락한 관료주의와 보신주의, 일상화된 거짓말과 뻔뻔함은 정말 혀를 내두를 지경임이 드러났다.

---

9 팟방 416의 목소리 8화 - "내가 미친 건가요?" 민간 잠수사 김관홍 님.

III. 그러면 교회는 어떠한가? 생지옥을 통과하며 다시 '신'(神/信)을 증거해내는 사람들(身)

"다 대통령께 보고하기 위한 것" "영상과 더불어 청와대는 구조 인원수를 실시간으로 보고하라고 요구했다. 구조 인원을 옮기는 장소도 거듭 물었다. 대통령 보고에 한 줄을 더 채우기 위해서였다."[10] 그래서 "기울어지는 배 안으로 뛰어들어서 승객들을 구조해야 할 해경은 배 밖에서 사진과 동영상을 찍어서 해경 지휘부에 보고했다. 123정 정장 김경일, 항해팀장 박성삼, 행정팀장 이민우는 사고현장으로 출동한 후 세월호 침몰 전까지 인터넷(IP접속)에 접속했다.[11]

인권연구가 조효제 교수에 따르면 미국 정치학자 러멜(R. J. Rummel)은 국가가 인간의 생명을 얼마나 파괴시킬 수 있는지를 평생 연구하면서 '데모사이드'(democide, 민살民殺)라는 개념을 얻었다고 한다. 그리고 "집중된 국가권력이 지구상에서 가장 위험한 인권침해 주범"이라고 한 그의 지적을 상기시켰다.[12] 나는 이번 세월호 참사도 그 범주에 들어갈 수 있겠다고 생각하고, 그래서 우리는 이번 참사와 더불어 대한민국에서 '국가'의 위격이 크게 흔들리는 것을 목도하였다. 그런데 그 국가의 개념과 더불어 유사한 정도로 크게 흔들리고 있는 존재가 '교회'

---

10 세월호 기록팀 진실의 힘, 『세월호, 그날의 기록』 (진실의 힘, 2016), 312.
11 같은 책, 312-316.
12 조효제, 『인권의 지평』 (후마니타스, 2016), 315.

라는 것을 말할 수 있다. 특히 그렇게 민살을 의심받을 정도로 전체주의화된 국가권력에 이의를 달지 못하고 하수인과 충복처럼 지내고 있는 개신교는 자신들의 공동체 안에 이번 참사의 직격탄을 맞은 사람들이 있어도 거기에 대해서 외면하고, 왜곡하고, 그만 잊어버릴 것을 강요했다. 그러자 많은 유족들이 그곳을 떠났고, 깊은 방황에 들어갔으며, 근본에서부터 자신들의 신앙을 검토해보기 시작한 것을 우리가 안다.

하지만 나는 이러한 가운데서 마치 "이새의 줄기에서 한 싹이 나며 그 뿌리에서 한 가지가 자라서 열매를 맺는다"(이사야 11:1)라는 언명대로 그 비극을 넘어서 오히려 새로운 신앙과 또 다른 양상의 초월과 새로운 신앙공동체가 싹터오는 것을 본다. 더군다나 그것이 어떤 외부적 중보자를 통해서라기보다는 바로 세월호 가족들 안에서, 그들 스스로의 탐색과 질문을 통해서, 세월호의 진실을 함께 통과하는 사람들에 의해서 잉태되고, 찾아지고, 실천되고 있다는 것이다. 4.16 참사에서 딸 예은이를 잃은 416가족협의회의 집행위원장 유경근 씨는 지난 3월 17일 '4.16 세월호참사 2주기 전문가 토론회'를 기해서 다음과 같이 언명했다.[13]

유가족이 중심이 되게 해 달라. 앞으로 세월호 참사를 해결해 나가는 일에서 유가족들은 중심에 있을 것이다. 상징적인 중심이 아니라 실질

---

13 〈4.16세월호참사 2주기 전문가 토론회〉 4.16세월호참사의 교훈과 앞으로 가야할 길, 2016.03.17(목), 정동 프란치스코 회관.

적으로 이 운동을 이끌어가는 주체가 된다는 것이다.

나는 이 말이 참사의 당사자들이 그들의 종교적 신앙(信)과 새로운 믿음의 공동체, 신(神)의 새로운 정의에 대한 답을 끄집어내려는 일에서도 그대로 적용될 수 있다고 생각한다. 세월호 참사가 일어난 후 약 80%의 유족들이 다니던 신앙공동체를 떠났지만, 그들은 다시 새롭게 예배와 기도회를 구성하여 모이고 있고, 다양한 형태의 공동체를 활성화시키고 있다. 그들이 기성교회와 신학에 던지는 물음들은 참으로 급진적이어서 기존의 섣부른 인습적 대답으로는 더 이상 그들에게 다가가기 힘들다는 것을 잘 경험하고 있기 때문이다.[14] 지난 1월 광화문 예배에서 다시 만난 자리에서도 나를 포함한 기존 신앙인들의 입을 다물게 한 세월호 유족 이창현 엄마 최순화 씨는, "그동안 교회에서 배웠던 모든 것은 교회 건물 안에서만 적용되던 것이었다. 오십 평생을 의지했던 하나님이 힘을 못 주시더라. 사고 후 교회를 박차고 나왔지만 하나님을 떠나지는 못했다. 오히려 사람들을 만나며 힘을 얻었다. 이들은 하나님이 보내주신 또 다른 하나님이었다"라고 말한다.[15] 이러한 대답이 기존의 신앙체계와 교회체제, 거기서의 독점과 편협, 왜곡과 거짓을 깨면서 큰 균열을 일으킬 것은 자명하다.

---

14 이러한 경험은 필자인 나뿐 아니라 많은 목회자, 신학자, 기독교의 오랜 신앙인들이 이구동성으로 고백하는 사항이다.

15 이은혜 기자, "세월호 가족들, 신앙고백에 눈물 흘린 목회자들", 〈뉴스앤조이〉, 2016. 03.08.

하지만 여기서 더 나아가서 내가 더 생생하고 분명하게 그들에게서 새로운 신앙의 가능성을 발견하는 경우는 기존 좁은 의미에서의 그들의 종교적 발언에서라기보다는 오히려 그들 나름의 생생한 삶의 서술, 특히 어떻게 그들이 오늘 세월호의 진실과 더불어 나름대로 씨름하며 매일을 살아가고 있는가를 이야기해주는 보편적인 삶의 서술에서이다. 즉 그들이 그들 고유의 방식으로 생지옥을 살아내고 있는 이야기들 속에서 그들의 하나님을 만난다는 것이고, 거기서 더 나아가서 그 새로운 하나님의 형상이 오늘 한국 사회와 한국 믿음(信)이 총체적으로 직면하고 있는 또 하나의 위기에 대한 돌파구를 찾아주지 않을까 생각한다는 것이다. 그런 의미에서 한 철학적 성찰이 세월호는 "신(神: 내 앞에 있는, 이해 불가능한 초월자)을 참으로 많이 닮았다"고 한 말을 이해하고,[16] 또한 그러한 가족들의 고백이야말로 서구 사회학자가 예견한 탈근대적 세계시민사회에서의 "자기만의 신"(der eigene Gott)의 모습을 잘 닮아있다고 여긴다.[17]

2학년 1반 김민지 양의 아버지 김내근 씨는 어릴 적 부모의 부재로 할머니 손에서 자랐고, 어렵게 가정을 이루었지만 둘째아이 민지가 한 돌도 되기 전에 아내가 집을 나갔다. 그래서 아이들을 홀로 보살펴왔지만, 하루에도 네다섯 번씩이나 딸과 통화를 할 정도로 잘 키워냈다. 하

16 이충진, 『가만히 있는 자들의 비극-세월호에 비친 한국 사회』 (컵앤컵, 2016), 113.
17 이은선, "신은 죽었다, 나의 내면의 신은 이렇게 말한다", 이은선/이정배, 『묻는다, 이것이 공동체인가』 (동연, 2015), 214.

지만 이번 참사로 딸 민지를 잃었다. 그 아버지는 그러나 이후의 모든 것에도 불구하고 안산의 분양소를 지키는 일을 도맡아왔고, 매일 아침 눈뜨자마자 하늘공원에 있는 딸에게 아침 인사를 하러가서 일상을 나누고 손으로 온기를 전하고 온다고 한다. 돌아와서 분양소를 지키면서 어느 날 노숙과 진실규명 싸움으로 지치고 병든 다른 유족 아빠들을 위해서 무엇을 할 수 있을까를 생각하고, 거기서 '416클럽'이라는 축구모임을 만들게 되었다고 한다. 그는 그 일로 자기가 평소 가장 많이 느끼며 지내왔던 "혼자라는 느낌", "내팽겨진 느낌"을 다른 아빠들도 아직 홀로 집에 떨어져 있으면서 겪고 있지 않을까를 염려했다. 그래서 축구 동아리로 그들을 밖으로 끌어내고자 했고, 그런 그는 어떤 경우에도 평생 딸의 사망신고를 내지 않을 것이라고 말하면서 그 축구활동을 통해서 "그동안 우리를 도와주신 분들에게 고맙다는 표시를" 할 수 있다고 감사해 한다.[18]

2학년 5반 김건우 군의 어머니 김미나 씨는 인천에서 태어나서 여상을 나와 안산의 컴퓨터 부품회사에 취직이 되어 안산으로 왔다고 한다. 결혼하고 건우와 민우 두 아들을 낳고서 아이들과 그 친구들에게 맛있는 것 해주는 일을 큰 기쁨으로 여기면서 지극히 평범하게 일상을 살아오던 그녀에게 큰 아들 건우가 사고를 당한 일이 일어난 것이다.

---

18 팟방 416의 목소리 2화 - "저랑 축구 한 게임 하실래요?" 2학년 1반 김민지 양의 아버지 김내근 님.

그녀는 만약 자신들이 "조금만 더 힘이 있고, 권력이 있는 사람들이었으면, 그런 사람의 아이가 한 명만 있었어도" 그렇게 "휴지통에 버려진 것 같"이 방치되지는 않았을 것이라고 말한다. "그냥 보통사람들이잖아요. 그냥 보통사람들만 있었기 때문"에 그랬을 것이라는 그녀는 그래서 그해 여름에 "神같은 존재인 교황님"이 오신다기에 "우리 아이들을 위해서 무언가 해줄 수 있다"고 무척 기대를 했다고 전한다. 하지만 교황이 떠나고 나서도 아무것도 변하지 않고 오히려 자신들에게 "시체장사"라는 말까지 하는 한국 사회를 보면서 그녀는 크게 반성했다고 한다. "이건 아니구나. 어차피 이거는 우리가 해야 되는 거구나. 내가 해야 되는 것이구나. 나 말고는 할 사람이 없구나. 내 아이 일을 왜 지금까지 다른 사람한테 기대하고 해달라고, 그렇게 부탁은 아니어도, 내가 스스로 나섰어야 하는데 왜 그랬을까?"라고 크게 깨달은 것이다.19 이후에 그녀는 건우가 금요일마다 집에 데려와서 함께 간식을 먹곤 했던 다섯 친구들의 엄마아빠를 만나서 그들과 "오인방"이라는 모임을 만들었다. 이들과 더불어 진상규명을 위해서 거리로 나가면서 그 자식들이 서로 약속했던 것처럼 자신들도 일생동안 "아이 같은 마음으로 순수하게" 한 가족으로 같이 살아가자고 다짐했다고 한다. 이들은 아이들의 이름으로 기부금도 내고, "몸으로 봉사해보자"라고 하면서 함께 요양원 청소 봉사도 다닌다. 그렇게 그녀가 지금까지 6백일이 넘도록 스스로 조사

---

19 팟빵 416의 목소리 3화 - "내 아들의 친구는 대체 누구였는가?" 2학년 5반 김건우 군의 어머니 김미나 님.

도 하고, 알리는 것도 하고, 시위 현장에 나가서 캡사이신 세례도 맞고 하지만, 그녀는 아직도 아들 건우가 자식을 구해내지 못한 엄마를 용서하지 않았을지 모른다고 노심초사하면서 아이에게 너무도 '미안'(未安)해서 그 이름도 맘껏 크게 부르지 못한다고 고백한다.

참사 이후 지난 2년의 시간을 고백하는 엄마/아빠들은 하나같이 미안하고, 안타깝고, 자신의 잘못과 부족함을 말한다. 하지만 그들은 그렇게 큰 고통으로 아이들 사망신고를 평생 하지 않을 것이며 가슴에도 묻지 못하겠다고 할 정도로 아프면서도, '어떻게 진실규명과 진상규명, 거기서 더 나아가서 안전사회를 이루겠다고 하며 싸움을 계속해 나갈 수 있는지'를 묻자 다음과 같이 대답한다.

두 번 다시는 이런 저희와 같은 일을 안 겪었으면 좋겠어요. 저희들이 겪어보니까 이건 사람이 살 짓이 아니예요. 사람이 살면서 겪어야 할 것은 안 되요. 저희 한번으로만 족했으면 좋겠어요. 아이를 잃고 부모들이 길거리에서 싸운다는 자체가 증말 지옥이예요, 너무 힘들어요. 정부 방해, 언론의 방해, 바라보는 시선, 너무 힘들고 너무 외로워요.[20]

416가족협의회 진상규명분과의 일을 맡아서 요사이는 배 인양과 관련하여 어떻게든 가족들이 거기서 소외되지 않도록 동분서주하며 햄

---

20 팟방 416의 목소리 11화 – "아휴… 힘듭니다." 2학년 7반 장동수 군의 아버지 정성욱 님.

드폰까지 털리는 경험을 한 준형이 아빠는 "난 그냥 야채장사 하던 준형이 아빠라니까"라고 외친다. 그런 준형이 아빠, 장훈씨에게 "어떻게 그렇게 모두 그저 '일상생활을 영위하시던 분들이' 이 참사가 나면서 그처럼 발 빠르게 팀을 만들고, 대표를 세우고 하는 등의 놀라운 대응을 할 수 있었느냐"고 묻자, 그 대답은 "절박함이죠. 절박함"이라고 밝힌다. 아들이 죽었는데 "왜 죽었는지를 모르겠는거야. 이유를 알아야 될 것 같애. 그런데 이유를 알라니까 더 파고들게 되고, … 그 배가 왜 그렇게 넘어갔는지 이유를 모르겠고, 왜 한 놈도 들어가서 구해주지를 않았는지, 그 이유를 알고 싶은 거예요. 단순하게"라는 응답이다. 그러면서 그는 자신이 그렇게 애쓰는 이유가 있는데, 나중에 죽어서 준형이한테 "한 가지 얘기를 해주고 싶어서" "너를 위해서 이만큼 했어" "내가 할 수 있는 것은 다 해 보았어"라는 말을 해줄 수 있기 위해서라고 한다. 왜냐하면 생전에 그에게 "해준 것이 너무 없어서."[21]

이렇게 참으로 평범하게 일상을 살던 사람들이, 거창하게 삶에서 어떤 '뜻'이나 '원리', '원칙'에 대한 의식도 없이, 부한 것도 아니고, 학력이 높은 것도 아니며, 가정생활이 항상 평탄했던 것만도 아닌, 오히려 나름대로 아픔을 많이 겪었던 사람들이 어떻게 지금의 진실을 위한 끝없는 행진의 사람들로 변환될 수 있었을까? 어떻게 그들이 '불가사의한 초월자'의 모습을 닮은 세월호 앞에서 그 불가사의한 불가능성에 맞서

---

21 팟방 416의 목소리 7화 - "아니 난 그냥 야채 장사하던 준형이 아빠라니까?" 2학년 8반 장진형 군의 아버지 장훈 님.

서 그렇게 용기 있게 도전하고 행위하는 사람들이 되었을까? 그래서 정부가 수천 명의 경찰병력과 온갖 비밀경찰의 정보력과 심지어는 백색테러의 방식도 서슴지 않을 정도의 힘을 가지고서도 도무지 "가족들이 뭉쳐있는 것을 못 보겠다"고 할 정도로 배척받고 억압받는 대상이 되었을까? 앞에서 소개했던 김관홍 잠수사는 한 시간이 넘는 고통에 찬 긴 토로의 시간을 마무리하면서 다음과 같은 분명한 말로 자신들의 명징한 분석과 알아차림을 언표한다. 이 뚜렷한 언명 속에 나는 우리 시대의 희망을 본다.

> 난 정권의 테러라고 생각해요. (그렇다면 이건 어떤 종류의 테러라고 생각하시는지?) 민초들에 향한 지배층의 어떤 욕심과 권력, 그걸 유지하기 위한. 내가 미친 건가요? 이웃, 사회단체, 416연대 이런 분들이 난 왜 있어야 되는지 몰랐어요. 지금 이분들은 정화, '공기'와 같은 일을 하는데 공기의 중요성은 우리 모르잖아요. 안보이고 못 느끼니까. 제가 이런 생각을 하고 있다는 거 자체가 웃긴 거예요. 저는 이런 말을 할 놈이 아니라니까요, 사실.22

이런 고백을 한 김관홍 잠수사는 구조봉사 작업 이후의 그 고통에 찬 시간을 보내고서도 요즈음에 다시 유족들이 "상식을 찾기 위해 싸운다"라는 말과 함께 배 인양 과정을 지켜보기 위해 진도 동거차도—참사

---

22 팟방 416의 목소리 8화 - "내가 미친 건가요?" 민간 잠수사 김관홍 님.

현장 바로 '10분 거리(1.6km)'—에 쳐놓은 움막을 방문해서 지난 일을 되돌아본다. 그러면서 당시 사람들이 왜 "구하지 않고 상황 보고(報告), 보고, 보고"만 했는지, 거기서 먼저 할 일은 "본능적으로", "교육을 받든 받지 않던" 구조였다는 것을 누구든지 아는데, 왜 그렇게 하지 않았는지를 안타깝게 묻는다. 그런데 나는 이처럼 대한민국의 보통사람들이 '상식'을 말하고, '본능'과 '교육'을 짚으면서 왜 그러한 어처구니없고 이해할 수 없는 일이 일어났는지를 안타깝게 묻는 물음 속에서 한 새로운 신의 형상과 새로운 방식의 믿음의 길이 표출되는 것을 본다. 그것은 그들로 하여금 세월호의 진실 앞에서 치를 떨게 만들었고, 그래서 그 진실을 드러내는 일에 자신들의 남은 생과 모든 것을 걸 결심을 하게 만들면서 용감하게 그 길에 나서게 했다. 그러므로 이 물음과 답의 언표야야말로 그들의 가장 고유한 신앙(信) 이야기이고 '하나님 이야기'(God-talks)라는 것을 말하고자 한다. 참으로 자연스럽고 인간적인 방식(身)으로 새로운 믿음의 길을 가려는 의미라는 것이다:

약속했어요. 니가 올라오고 진실이 밝혀질 때까지 술을 입에 안대겠다.

나중에 아이들을 만났을 때 떳떳하게, 떳떳하게 살다가 내가 왔다. … 그런 말을 하기 위해서 유가족들은 다 개인적 윤리를 가지신 것 같아요, 세월호 참사 이후로.

자기 개인만의 나름대로의 기준을 정해서 아이들을 만날 준비를 저희들이 하고 있는 것이죠.

우리는 이러한 고백과 서술들이 전통의 인습적 신을 무색하게 만들 것임을 안다. 그것은 지금까지의 인습적 신의 죽음을 알리고, 대신에 각자의 '내면의 신'이 깨어나는 것이기 때문이다.[23] 이렇게 해서 인간 보편의 '상식'과 '평범'과 '교회 밖'에서 구원이 일어나고 있음이 널리 전파되고, 그래서 거기서 지금까지의 외부적, 타율적 신에 근거한 구원론과 교회론, 성직체계 등이 급속하게 깨어져 나갈 것은 자명하다. 거기에 기대었던 모든 권위들이 그 일을 두려워하는 것도 또한 분명한 일이다. 지금 한국 땅에서 4.16 세월호의 진실과 더불어 그와 같은 일이 일어나고 있으며, 그런데 사실 예수도 자신의 전통과 더불어 유사한 일을 겪었고, 기독교의 등장도 그 열매이고, 그의 십자가와 부활이 그 일을 추동시켰다.

IV. 명멸(明滅)하는 부활, 확산되는 거룩(聖/性/誠)의 영역

우리는 이미 세월호 유족들이 기성의 교회들과 더불어 가장 고통스럽게 만나는 지점이, 그 교회가 세월호를 '(하나님의) 뜻'으로 말하며 이제 거기서 내려오라고 하는 것이라는 점을 안다. 많이 회자되는 예로서

---

23 이은선, "신은 죽었다, 나의 내면의 신은 이렇게 말한다", 211 이하.

명성교회의 김삼환 목사가 하나님이 세월호를 침몰시킨 이유가 "국민들에게 기회를 주는 것"이라고 했다는 이야기나, 또 거기서 더 나아가서 한국 개신교의 대표적 대안 목회자로 이름을 얻고 있는 이재철 목사가 "세월호 유족들을 우상시하면 안 돼"라고 했다는 발언 등은 그렇지 않아도 사방에서 점점 더 강하게 옥죄어오는 압력과 소외와 망각에의 두려움 속에서 진실규명을 위해서 힘겹게 싸우고 있는 유족들에게 치명타를 날리는 격이었다. 이러한 한국교회의 언술들은 폭압적인 정치권력이 어떻게든 세월호의 실재를 '과거'로 밀어버리려는 시도라고 한다면 종교, 특히 한국의 개신교는 그것을 '미래'로 넘겨버리려는 자기소외와 현실회피적 표현이라고 이해한다. 그것은 여기서 또 다시 우리 삶과 생명이, 세월호 유족들의 진실을 향한 절규와 고통이 '과거와 미래 사이'(between past and future)에서 표류하며 고사(枯死)되고, 치워지고, 살아지지(生生) 못하는 것을 드러낸다. 그것으로 인한 현재적 삶과 생명의 탈각인 것이다.[24]

이러한 현실의 이유가 한국교회의 '부활 이해'와 매우 밀접히 관련되어 있다고 생각한다. 과거의 한 번의 부활을 절대화하고 실체화하는 일, 또는 새로운 부활을 철저히 미래화하고, 영과 육을 단차원적으로 이분화하면서 부활을 사사화(私事化)하고, 공적(公的) 차원을 탈각시키고 영성화하는 일 등이다. 이런 맥락에서 본다면 세월호 유족들에게

---

24 이은선, 『생물권 정치학시대에서의 정치와 교육 - 한나 아렌트와 유교와의 대화 속에서』 (도서출판 모시는사람들, 2013), 265-269.

남겨진 일은 이제 세월호의 진실을 더 알려고 하지 말고 미래의 '하나님의 뜻'에 맡기고, 빨리 모든 것을 '잊고' '용서'하고, 오히려 자신들의 '죄과'를 더 자각하고 하나님의 뜻에 따라 '가만히 있는' 일일 것이다. 이러한 일은 그러나 세월호의 '보통 사람들'에 의해서, 지금까지 이름 없던 교인들에 의해서 "생명의 하나님"을 오독하는 일이고,[25] 하나님 신앙을 "'책임을 면책'하는 '현실도피의 수단'"이 되게 하는 일이라고 분명하게 지적되면서 거부되었다.[26]

1. 부활의 실제

하지만 여기서 더 나아가고자 한다. 그리고 조심스럽게 세월호 유족뿐 아니라 우리 모두에게 다음과 같이 묻고 싶다; 우리가 앞에서 살핀 대로 세월호 부모들이 그렇게 하나같이 세월호 이후의 삶을 "앞으로 죽어서 아이들을 떳떳하게 만나기 위해서", 어떻게든 "구조하지 않은 자들이 진급을 하고, 수습과정에 있는 사람들은 처벌을 받고, … 그것을 밝히려는 사람들을 협박하고, 하지 못하게 하는" 이유가 무엇인지를 알기 '위해서'라고 했다면, 거기서의 '위해서'와 '이유'도 또한 '뜻'이 아닌가 라는 것이다. 이미 함석헌 선생이 지적한 대로 우리가 하나님을 거부

---

25 "2016.3.24 세월호 광장신학 대담 중, 박은희 전도사", 〈세월호 참사 2주기에 즈음한 한국교회의 반성과 전망〉, 2016.3.31, 광화문 세월호광장, 작성자: 고영근 목민연구소, 광장신학 기획실, 2.
26 "창현 어머니 인터뷰 중에서", 같은 글.

하고, 신을 부정할 수 있지만 삶을 사는 한 '뜻'을 부정할 수가 없다고 하는 것인데, 뜻이란 바로 그렇게 '생명 자체'(性)이고, 그것의 원초적 '의지'(生意)이며, '얼 자신'(仁)이기 때문이다. 뜻을 부정하는 일은 그래서 생명을 그냥 포기하는 것이고, 단지 고깃덩어리로만 사는 일이며, 어떠한 소망이나 바람도 용납하지 않는 일이 된다. 즉 모든 미래를 죽이는 일이고, 새로운 태어남(재생renaissance)을 부정하는 일이며, 그것은 곧 '부활'을 부인하는 일이다.

그러나 우리가 분명히 보았듯이 세월호의 가족들은 그리고 세월호의 진실을 진정성 있게 통과하기 원하는 사람들은 모두 유사한 방식으로 '아이들을 다시 만날 것'을 소망한다거나, 아니 이미 지금 이곳에서 때때로 여러 가지 방식으로 '영(靈)과 혼(魂)의 방식'으로 아이들을 만나고 있는 것을 고백한다. 또한 반드시, 심지어는 비록 '그들 (이)생이 다가도록 이루어지지 않을지라도' 세월호의 진실이 꼭 밝혀지리라는 것을 '믿고' '바란다'고 말한다. 나는 이렇게 자신들의 '믿음'을 표시하고, '다시 만날 것을 기대한다는 것' 자체가 이미 삶에 뜻이 있음과 '몸의 죽음이 모든 것의 끝이 아님'을 말하는 부활을 인정하는 것이라고 여긴다. 만약 그렇지 않다면 그들이 아이들을 다시 만나는 일에 대해서 그렇게 언표하고 기대할 수 없을 것이며, 진실이 밝혀지는 일을 위해서 지금까지처럼 그렇게, 또한 앞으로도 '끝까지 지속적으로'(誠) 포기하지 않을 것이라고 말할 수는 없을 것이라는 사실이다. 이렇게 우리 삶은 모든 그러함에도 불구하고 다시 뜻과 부활이라는 의미와 대면하지 않을 수 없다. 그렇다고 다시 예전의 반생명적 뜻과 부활의 의미로 돌아가려는 것이 아니라 새로운 이해의 부활, 단 한 번에 완성되거나 그것을 통해서 실체화되는 부활이 아니라 끝없이 명멸하는 부활, 지금 이생에서부터 각자의 삶에서 과거와 미래 사이에 난 길을 순간순간 걸어가면서부터 몸으로 살아내는 부활, 그렇게 하지 않고서는 알 수 없고, 만날 수 없고, 기대할 수 없는 부활을 말하려는 것이다. 그 길을 통해서 삶과 생명이 피어나고, 오늘에서 영원이 살아지고, 그것이 이생에서의 삶이 모든 것이 아니라는 고백을 하게 한다고 믿는다.[27]

2. 몸과 부활

세월호의 유족들은 죽음이나 고통을 하나님의 뜻으로 이야기하는 일을 못견뎌한다. 그럼에도 불구하고 이번 자식의 죽음이 자신들의 삶에서 가장 큰 전환과 깨달음이 되었음을 이구동성으로 이야기한다. 즉 그 어떤 혐오와 거부에도 불구하고 부활에는 죽음과 희생이 함께 하지 않을 수 없고, 새로운 탄생은 그렇게 삶과의 "불화"(不和)로부터 나오는 것이라는 사실을 인정하게 한다.[28] 그것이 삶의 원리이고, 열매의 속성임을 받아들이도록 하는 것을 말한다.

다르게 말하면 부활은 '몸'을 통하지 않고서는 결코 일어날 수 없다는 것인데, 전통적 인습의 부활이 죽음과 희생의 차원을 거부하고 부활

---

27 이은선, "세월호, 고통 속의 빛-영생에 대하여", NCCK 세월호참사대책위원회, 『남겨진 자들의 신학-세월호의 기억과 분노 그리고 그 이후』(동연, 2015), 354 이하.
28 이성복, 『불화하는 말들』(문학과지성사, 2015), 20.

의 영광만을 말한다거나, 또는 몸과 영, 이생과 저생, 물질과 정신을 둘로 나누어서 그것들을 서로 상관이 없는 별개의 것으로 여기도록 하는 것 등은 맞지 않는 이야기이고, 억견이고 단견임을 지시해 준다. 전래의 유교적 개념으로 이야기하면 '리기불이'(理氣不二)를 말하는 것이라고 하겠는데, 그러므로 '몸의 끝이 모든 것의 끝'이라고 여겨서 이생에서의 악과 진실을 어떻게든 여기서 덮고 가리면 모든 것이 마무리된다고 생각한다거나, 또는 그 악을 당한 사람의 입장에서는 부활을 단지 저생 어느 때인가의 일로 여겨서 지금 여기에서의 진실의 행위를 소홀히 하는 것 등은 더 이상 견지될 수 없음을 보여준다. 부활은 '목숨을 건 비약(salto mortale)'을 통과해야 하고, 세월호의 유족들이 그 일을 수행하고 있는 중이며, 우리에게도 세월호가 그 계기로 오는 것을 보아야 한다는 의미이다. 그래야지만 지금까지 무지했고, 깨닫지 못했고, 종처럼 매여 있거나 외부적인 중보자에 타율적으로 매달려 있던 상황에서 벗어나서 이미 예수가 우리를 '종'이라고 부르지 않고 '친구'라고 부르며 하늘 부모님의 일을 모두 가르쳐주었다고 한 의미가 드러난다. 또한 한국의 역사에서 볼 때 민중의 해방을 참으로 보편적이고 근본적인 형태에서 가능하게 한 '훈민정음'(訓民正音)의 창제가 그 글을 배우는 사람이 "스승 없이 스스로 깨우치게 되는(不師而自悟)" 경지를 얻게 되는 것을 소망한 것처럼,[29] 오늘 기독교 신앙의 관점에서 보면 이제 대속(代贖)의 중보자 없이 '스스로 자기 존재의 이유를 댈 수 있는 사

---

29 노마 히데키/김진아 외 옮김, 『한글의 탄생』 (돌베개, 2011), 265.

람', 즉 '자유(自由)인'이 된다는 의미라고 여긴다.30

승묵이 때문이잖아요. 솔직하게. 사고가 안 일어나고 승묵이를 잃지 않
았다면 그렇게까지 파고들지 않고 그냥 전에 살듯이 평범하게 살았을
거예요. 근데 승묵이를 잃고 난 다음에 제가 조금씩 더 앞으로 나가고
하나씩 알게 되다 보니까, 엄마들도 언제 어떻게 될지 모르는 상황인데
우리가 안 해놓으면 그것을 진실을 못 밝히고 이대로 묻혀버리면 어떨
까 어떻게 해야 될까 … 몸을 아끼지 않고 이곳저곳을 다….31

이렇게 부활은 몸을 통한 일이기 때문에, 몸과 영은 서로 연결되어
있기 때문에 우리는 아직까지도 그 몸의 부재를 견뎌야 하는 아홉 명
미수습자 가족들이 얼마나 더 극심한 고통에 처해있을 거라는 것은 잘
상상해 볼 수 있다. 또한 그러한 가운데서 단원고 희생자 교실을 그렇게
빠른 시간에 치워버리고, 그 몸의 흔적들을 소중히 하지 않는 일은 단지
그 가족들에게만 안타까운 일이 아니라 대한민국 전체를 위해서도 다
시 이와 같은 비극이 일어나지 않을 수 있도록 구체적으로 몸으로 일깨
우는 직접적인 대상을 치워버리는 일이기 때문에 매우 어리석은 판단
이라는 것을 생각하게 한다. 6.25의 동족상잔을 겪고 나온 오래된 시
(1954년)이지만 다음과 같은 시는 부활과 죽음, 몸을 통한 부활, 우리

---

30 함석헌, 『뜻으로 본 한국역사』 함석헌전집 1, (한길사, 1986, 제11판).
31 팟방 416의 목소리 4화 - "고마워 다음 주에 보자", 2학년 4반 강승묵 군의 어머니 은인
  숙 님.

몸과 우주와 미래 등을 잘 지시해 준다.

목숨

신동집(申瞳集)

목숨은 때 묻었나
절반은 흙이 된 빛깔
황폐한 얼굴엔 表情(표정)이 없다

나는 무한히 살고 싶더라
너랑 살아 보고 싶더라
살아서 죽음보다 그리운 것이 되고 싶더라

億萬光年(억만광년)의 玄暗(현암)을 거쳐
나의 목숨 안에 와 닿는
한 개의 별빛
우리는 아직도 砲煙(포연)의 추억 속에서
없어진 이름들을 부르고 있다
따뜻이 體溫(체온)에 젖어든 이름들

살은 者(자)는 죽은 者(자)를 證言(증언)하라

죽은 者(자)는 살은 者(자)를 告發(고발)하라
목숨의 條件(조건)은 孤獨(고독)하다

바라보면 멀리도 왔다마는
나의 뒤 저 편으로
어쩌면 신명나게 바람은 불고 있다

어느 하 많은 時空(시공)이 지나
모양없이 지워질 숨자리에
나의 白鳥(백조)는 살아서 돌아오라[32]

3. 공적(公的) 부활

이번 4.16 세월호의 진실을 통과하면서 드러난 부활의 또 다른 특징
은 그것이 매우 '공동체적'(communal)이라는 것이다. 부활은 어느 누
구 한 사람의 일이거나 어느 특정한 한 주체로 가능해지는 것이 아니라
계속해서 명멸하면서 특히 공동체의 힘으로 이루어지는 일임을 드러낸
다. 세월호 참사 이후 그 일을 감당하기 어려워 수많은 사람들이 죽음을
생각했고, 말을 잃었고, 방밖이나 집밖으로 나오려하지 않았으며, 자신
들이 소속되어 있던 직장이나 교회, 친구들을 떠났고, 거기로부터 소외

---

32 노마 히데키, 같은 책, 343에서 재인용.

되었으며, 지금은 그에 더해서 오히려 폭력을 당하고, 구금되고, 협박을 받고 있다. 하지만 또 많은 고백이 나오기를, 자신들이 바로 그러한 지경에 있을 때 다른 사람과 함께함을 통해서, 자기 속에서 나와서 같이 싸우며, 같이 울고 이야기를 나눌 때 뜻하지 않던 치유와 새 힘을 얻었다고 고백한다. '엄마들의 공방'에 나가서 거기서 울고 싶을 때까지 실컷 울게 놔두는 엄마들 속에서 서서히 기운을 차리게 되었고, 아빠들의 '축구 모임'이 그러한 역할을 했으며, 함께 진실을 알리는 간담회를 열러 다니면서 한 단계씩의 회복을 경험했다고 한다. 그리고 기존 교회로부터 나와서 안산 분양소에서 따로 예배를 드리고 목요기도회를 가지면서 서서히 용기도 얻게 되었다고 한다. 또한 자신들이 진실규명을 위해서 온갖 곳으로 다닐 때 남은 아이들을 돌봐준 친구와 가족들, 5.18과 대구참사 유족, 밀양 원전투쟁의 할머니들, 용산참사의 피해자, 멀리 미국 911참사의 유족들 등이 자신들도 아직 고통 속에 있으면서도 함께해준 것을 고마워한다. 그와 더불어 지금까지 팽목항이나 안산, 광화문 등에서 4.16의 현장을 유지할 수 있도록 하는 일을 바로 자신들의 일로 삼아서 같이 해준 수많은 봉사자들이 있었음을 이야기한다. 요즈음 이들에게는 진도 앞바다의 '동거차도'가, 비록 거기에는 움막밖에는 없지만, 그들이 마음껏 함께 울고 웃으면서 속에 있는 말을 하나도 거리낌 없이 나눌 수 있는 곳, 그래서 그곳이 유일하게 "진실이 작동되는 곳"이라고 말한다.

나는 바로 이러한 다중의 사람들과 공동체가 다름 아닌 부활의 수행자, 그래서 '다중 그리스도'(mutiple christ)가 됨을 말하고자 한다.[33]

부활은 전통의 교회가 강조하듯이 예수 한 사람에게만 일어난 일이 아니고, 또한 그를 통해서만 가능해진 것이 아니라 그 당시 그의 여러 제자들과 그 이후의 교회 공동체가 거기에 함께 있었으며, 오늘날 세월호의 진실에서는 앞에서 들었던 많은 '함께함'들이 부활의 공동 수행자들임을 말하는 것이다. 이들이 바로 끝없이 명멸하는 부활의 일을 통해서 세월호의 진실을 통과하며 이 세상을, 한국 사회를 지속적으로 '거룩'(聖)의 영역으로 화하게 하는 부활의 주역들이라는 것이다. 그러므로 다음과 같은 세월호 부활의 한 젊은 주역의 글은 우리에게 깊은 울림과 희망을 준다.

아무것도 변하지 않는다는 생각에 사로잡혀 힘든 당신께[34]

최윤아

세월호 참사 이후 많은 사람들이 아파하고, 많은 사람들이 거리에 나왔지만, 무엇이든 해봤지만 아무것도 해결 된 게 없는 상황에 힘들어 하는 그 마음… 저도 알아요.

힘들고, 때론 원망스럽고, 때론 끝없는 무기력감에 빠지겠죠.

---

33 이은선, 『한국 생물生物여성영성의 신학 – 종교/여성/정치의 한몸짜기』(도서출판 모시는사람들, 2011), 332.
34 최윤아, 2016.3.21 오후 12:18 facebook 게시물.

포기하고 싶겠죠.

근데요…

우리는 분명 변화시키고 있어요.

가장 단시간에 우린 기록에 남을 서명을 받았고요,

최초로 우린 국회를 점령했었고요,

최초로 대형참사 피해자의 이야기를 사람들에게 외치고 있어요.

아주 먼 훗날이 아닌 바로 지금 아픈 시간에,

그 시간들을 기록하고 왜치며 바꾸려 노력하고 있어요.

그리고 2년이 되어가는 지금까지… 노란 리본이 사라지지 않고 있잖

아요?

우린 아무것도 변화시키지 못한 게 아니에요.

지구가 움직이듯 우리가 하는 일은 너무나도 큰일이라

당장 눈에 잘 보이지 않을 뿐 우린 큰 변화를 불러오고 있어요.

그러니 힘들어하지도 절망하지도 마세요.

포기하지 마세요.

얼마 전 역사학자 강만길 교수의 자서전을 읽으면서 그가 노무현 대
통령 시절 〈친일 반민족행위 진상규명위원회〉 위원장으로 임명되어
그 태동과 정착을 위해 애쓰면서 써놓았던 '친일 반민족행위 진상규명

일지'를 부록으로 읽게 되었다. 그는 역사학자로서 일제 강점기에 대한 이야기를 하면서, 당시 사람들에게, 특히 역사학자 등의 지식인이라면 그가 살던 상황에서의 제일의 현안은 나라를 잃었다는 것이고, 그래서 그 회복과 독립을 위한 노력이 제일의 관건이었을 터인데, 어떻게 그 당시의 그들이 그 문제는 제쳐놓고 돌아보지 않으면서, 대신 고대의 역사 등에만 관심하면서 지낼 수 있었는지 잘 이해되지 않는다고 말한다. 후대 사람들이 보면, 오늘 21세기의 우리가 보면 누구든지 그렇게 나라가 독립을 잃었음에도 불구하고 그 일에 관여하지 않은 것은 비겁한 일이고 잘못된 일이었음을 알 수 있기 때문이다. 그는 그러한 판단이 7-80년대 한국 현대 군부독재시절이나, 특히 오늘의 분단시대에 분단과 통일의 문제와 관련시켜 볼 때도 그대로 적용된다고 지적하는데, 즉 나중에 우리의 후대와 후손들이 어떻게 우리 조상은, 우리 부모님이나 선생님은 당시 그 현안 문제에 대해서 그렇게 아무런 관심도 보이도 않을 수 있었는지 의아해 하고 실망할 것이라는 것이다. 그 노교수의 마음에는 특히 오늘의 분단시대에 통일문제가 가장 큰 비중을 차지하므로 오늘의 통일문제와 평화문제에 관심가질 것을 촉구하는 의미로 그렇게 지적한 것이다.[35]

나는 이러한 관점이 오늘 세월호의 문제에도 그대로 적용될 수 있고, 그렇게 될 것이라고 생각한다. 친일반민족 행위의 진상규명이 그렇

---

35 강만길 자서전, 『역사가의 시간』 (창비, 2010), 189 이하.

게 지연되었지만, 그러나 참으로 기적처럼 그 일이 있은 후 한참 지나서 2005년에 시작될 수 있었고, 그렇지만 여전히 방해와 태만, 왜곡 등이 있는 것을 보았으며, 그가 그러한 과정들을 일지에 낱낱이 적어놓은 것을 보면서 많은 생각을 했다. 어떤 사건과 일에 대해서 언젠가는, 누군가에 의해서 진실이 드러나는 일이 있을 것이며, 진실이란 아주 작은 디테일들 속에서라도 그 냄새를 풍길 수 있다는 것이다. 그리고 소소한 디테일들도, 전혀 예기치 못한 언술과 맥락, 정황들도 누군가에 의해서 기억될 수 있고, 기록될 수 있으며, 그것들이 드러나는 때가 있으면서 진실을 밝히는 작은 지시자가 될 수 있는 것을 보았다. 그래서 부활은 결코 누군가 한 사람에 의해서만 이루어지는 것도 아니고, 또한 오히려 우리의 부활은 스스로에 의해서라기보다는 '타인'에 의해서, '관객'에 의해서, 무심한 '관찰자'에 의해서 이루어질 수 있다는 것이다.[36] 누가 진심을 가지고 그 시간들을 보냈는지, 누가 어떤 방식으로 영원으로 다가오는 그때그때의 현재를 놓치지 않고 잘 살아내었는지, 그 당시는 잘 드러나지 않을 수 있지만, 또한 왜곡될 수도 있고 아주 미약해서 잘 보이지 않고 외면되고 삭제되기도 했지만, 누군가에 의해서, 여기서는 강만길 교수라는 한 역사학자에 의해서 다시 기록되고 알려지고 밝혀지는 것을 보면서 큰 떨림을 느끼지 않을 수 없었다. 그리고 친일 반민족 행위의 일들을 밝히기 위해서 〈과거청산특별법〉이 만들어져서 국회에서 예산이 편성되고, 별정직 공무원으로 직원들이 모집되고, 전문가 집

---

36 Hannah Arendt, *The Life of the Mind*, A Harvest Book, One volume Edition, 92ff.

단이 고용되어서 그 일들이 조사되고, 기록되고, 편찬되는 구체적인 과정들을 읽으면서 이번 〈세월호 특별법〉에 의한 특조위의 활동들도 잘 가늠해 볼 수 있었다. 그러면서 희망을 잃지 않게 되었는데, 지금까지 온 것도 큰 성과이고, 지금 부족하고 미진해도 다시 드러날 날이 있을 것이며, 거기서 이번 4.16의 진실을 통과하면서 누구 진실했는지, 누가 진정으로 부활의 수행자들이었는지, 무엇이 거짓이고, 누가 어떻게 거짓으로 참여했으며, 지금 잘 드러나지 않을지라도 어느 일이 참으로 귀한 부활과 생명살림의 일이었는가가 밝혀질 날이 있을 것임을 믿게 되었기 때문이다. 그래서 참으로 두렵고 떨리는 것은 그렇게 우리 삶에서 오늘에서 영원의 침노를 보지 못하고 거기에 함께 참여하지 못한다면 얼마나 부끄럽고 죄스러운 일이 될 것인가를 더욱 생각했다. 그래서 '구이경지'(久而敬之), 큰 떨림과 두려움, 공경을 가지고 지속적으로 현재를 살아가기, 과거와 미래 사이에 난 협소한 길을 실족하지 않고 조심스럽게 밟아 다져가는 일, 이 일을 지속하는 것이야말로 신앙이고, 부활이고, 세월호의 진실을 통과하면서 우리가 더욱 배워가야 하는 가르침이라고 생각했다. 그래서 우리가 인간이기 때문에 모여 사는 일을 멈출 수 없다면, 국가와 정치의 일을 포기할 수 없다면, 거기서의 모여 삶의 모습이 어떠해야 하고, 어떻게 초월과 구체가 관계하는지, 진실과 미래가 어떤 관계여야 하는지를 잘 숙고하면서 가야겠다고 생각했다.

정치영역은 인간이 의지로 변화시킬 수 없는 사물들에 의해서 제한을 받는다. 그리고 그것은 우리가 자유롭게 행동하고 변화시킬 수 있는 이 영역의 경계선을 존중할 때에만 자신의 고결성을 지키고, 자신의 약속을 지키며 원래 모습 그대로 남아있을 수 있다. 우리는 우리가 변화시킬 수 없는 것을 개념상으로 '진리(진실)'라 부를 수 있을 것이다. 은유적으로 말하자면 그 진리는 우리가 딛고 서 있는 땅이자 우리 위로 펼쳐진 하늘이다.[37]

V. 마무리하는 말 — "세월호는 우리 삶입니다"

이번에 특히 세월호의 세밀한 목소리들을 들으면서 다음과 같은 생각도 했다: 지금 내가 설사 아무리 어떤 '거창한' 미래의 일이나 머리의 일을 한다 해도 지금 바로 여기에 구체적 몸으로 다가오는 생명의 목소리를 듣는 일을 소홀히 해서는 안 되겠다는 것이다. 오래도록 아파 누워계신 부모님, 지금 같이 놀아달라고 매달리는 아이, 함께 산책 나가자고 계속 애처롭게 눈짓을 보내는 우리 집 진돗개 백호, 전화와 소식을 기다리시는 시골의 고모님 등, 그런 맥락에서 특히 조효제 교수가 "고독이라는 이름의 고문"이라는 제목으로 교도소에서의 독방 구금의 비인간성과 인권침해를 다루면서 했던 다음과 같은 마지막 말이 더욱 다가왔다;

교도소 내의 독방 구금이 인권유린이라면, 일반 사회 내에서 강요된 고

---

37 한나 아렌트, 『과거와 미래사이』, 353.

럽은 어떻게 봐야 할까. 일자리를 잃어, 노숙인으로 전락하여, 쪽방에 거주하게 되어, 독거노인의 처지에 빠져, 경쟁사회로부터 배제된 은둔형 외톨이가 되어, 불평등에다 흙수저로서 자포자기하여 사실상 분리되고 배제된 사람들 역시 '사회적 고문'을 받고 있다고 해석해야 하지 않을까. 인간으로부터 사회적 탯줄을 제거하면 그에겐 고통을 느끼는 육신만 남게 된다. 모든 인간은 고문 없는 세상에 살 권리가 있다.[38]

또한 세월호 유족들과 연결해서는 다음과 같은 생각도 했다; 세월호의 가족들은 어떻게 그처럼 하나같이 이미 사고가 나기 전에도 따뜻하고 부드러운 마음씨와 애틋한 가족애, 살아있고 활동적인 일상성과 몸적 건강함을 가지고 있었는지! 그래서 그러한 고통의 나락에까지 떨어졌어도 놀라운 집중력과 실천력, 단순함과 지속력으로 다시 올라오고 있지 않은가? 또한 이런 생각도 했다. 왜 항상 꾸준히 우리 역사에서는 변방에서, 민중 속에서, 단순함과 순수, 무구의 몸을 통해서 그리스도가 탄생되는지에 대한 상상이다. 갈릴리의 예수가 그랬고, 전태일이 그랬으며, 오늘날은 바로 안산에서 그러한 일이 이루어지고 있지 않은가 라는 상상이다. 그 등장의 장면에 반대쪽에 서 있는 얼굴들, 대통령을 비롯해서 수많은 이름을 잘 드러내지 못하는 관료들과 경찰들, 국회의원, 목사, 교수, 생각 없는 대중, 끝없는 욕망과 욕심으로 모든 것을 가졌음에도 만족하지 못하는 부자와 기득권의 사람들, 이 사람들을 향

---

38 조효제의 인권 오디세이, "고독이라는 이름의 고문", 〈한겨레신문〉 2016.3.9.

해서 지금까지 이름 없이 변방에서 몸으로 살아왔던 민중의 소리가 다음과 같이 외친다. 그것은 세월호의 진실을 향한 외침이고, 바로 세상을 구하는 소리이며, 그 소리는 십자가 몸의 고통을 통해서, 깊은 바닷속에서 울려나오는 부활을 향한 절실한 목소리이다:

이 세월호 문제는 세월호가 아니라 우리 삶입니다. 우리 삶. 우리 안전한 아이들의 미래를 위한, 제발 생각 좀, 그 하기 싫은 생각 조금만 해달라고, 이 말을 하고 싶어요.[39]

---

39 팟방 416의 목소리 8화 - "내가 미친 건가요?" 민간 잠수사 김관홍 님. 이런 말을 했던 김관홍 잠수사는 지난 5월 17일 세상을 떠났다. 이제 이 말이 우리 세대를 향한 그의 유언이 되었다. 정말 의미심장한 말이고, 그 말을 한 사람의 배움의 과정과 삶의 행적과 관련해서 생각해 볼 때 더욱 그러하다.

한국 생물(生物)여성영성의 신학
: 세월호 참사 3주기를 맞으며*

I. 세월호 3주기의 해를 맞이하며

2016년은 개인적으로도 국가적으로도 쉽지 않았다. 작년 세월호 2
주기를 준비하며 4월에 〈기독교세월호원탁회의〉에서 '세월호 2주기
기독인포럼'을 열었다. 그때 포럼에서 발제 준비를 하면서 세월호 가족
들의 팟캐스트('팟방416의 목소리')를 들었다. 1주기를 지내는 동안에도
공동으로 책도 내고, 여러 장에서 유가족들의 삶을 접하긴 했지만 팟캐
스트를 통해서 특히 안산 단원고 학생들 가족의 깊이 있는 속살들을 보

---

* 이 글은 원래 세월호 3주기를 맞이하는 2017년 기독교 온라인 저널 〈에큐메니안〉에서
  신년 인터뷰로 진행한 내용을 수정 보완한 것이다.

면서 굉장히 많은 생각을 하게 됐다.

　세월호 가족들의 아파하는 모습뿐 아니라 그 이전에 그들이 안산이라는, 어쩌면 오늘 우리 시대의 변방이라면 변방일 수 있는 곳이지만, 그곳에 우리 시대의 깊은 인간성이 살아있는 것을 보았다. 그렇게 어려운 가운데서도 가족 간의 사랑을 나누면서 정겹게 일상을 살아왔던 모습들을 들으면서 2015년에 돌아가신 어머니에 대한 생각이 특히 많이 났다. 오랫동안 아프신 어머니를 더 가까이 돌보지 못했다는 죄스러운 마음이 그런 유가족들의 삶을 접하게 되면서 더욱 또렷이 부각되어서 견디기가 힘들었다. 그래서 연구학기도 맞이한 터라 스페인 산티아고 길을 조금 걸어볼까 하는 생각으로 조카가 있는 파리로 갔다. 거기서부터 부실한 준비가운데서 시작한 산티아고 순례길이었지만, 특히 한 달 동안 스페인의 아름다운 자연환경 속에서 혼자 순례길을 걸으면서 많은 생각을 할 수 있었다. 많이 회복되어 돌아왔다. 그 힘으로 7월에 아들의 결혼식도 치르고, 신학위원장으로 함께하고 있는 〈생명평화마당〉의 '한국적 교회론 정립을 위한 세미나'도 마무리 했다. 남편 이정배 교수가 2월 감신대 사태로 조기은퇴를 하게 되었는데, 그 후의 삶의 변화에 대한 적응을 위해서도 많은 에너지가 필요했다. 또 우리 부부의 과제인 유교와 기독교의 대화를 이어가는 일로 해천(海天) 윤성범 선생님 탄생 100주년을 기념하여 『21세기 보편영성으로서의 誠과 孝』라는 책도 도서출판 동연을 통해서 낼 수 있었다.

II. 산티아고 순례 이야기

처음에는 산티아고가 예루살렘과 로마와 함께 기독교 삼대 성지 중의 하나라는 사실을 잘 몰랐다. 그 길을 걸으면서 서구 기독교 2,000년의 역사 속에서 기독교 문명과 교회가 어려움을 겪었을 때마다 그 순례길을 개척하고 걸으면서 다시 새로운 힘을 얻었다는 것을 알게 됐다. 이번에 개신교 신학자로서 스페인의 가톨릭 전통을 매일 접하며 서구 기독교 문명의 핵심과 가톨릭이 의미하는 '보편교회'의 의미가 무엇일까를 다시 생각해 보는 계기가 됐다. 그러면서 가톨릭과 개신교, 서구 기독교와 한국 기독교, 한국적 신학이라는 것이 어떤 모습이어야 할지를 더욱 생각하는 계기가 되었고, 또 그 안에서 한국 여성신학자로서의 나의 길을 더욱 고민하게 됐다.

그곳에서 돌아와서 낸 책도 앞에서 말했듯이 '21세기 보편영성(common religiosity)'이라고 하는 물음에 대한 공동 저술이었다. 동서가 함께 어우러지는 보편영성을 통해서 오늘날 특히 트랜스휴먼을 말하면서 지금까지 사람들을 종교나 성, 인종이나 민족, 문화 등으로 나누는 일이 점점 무색해져 가는 상황에서 공통으로 인간 문화를 묶을 수 있는 것이 무엇일까를 생각했다. 그것은 동서의 삶을 함께 묶을 수 있는 기초적 덕목이자 이치가 될 터인데, 그 '보편'을 찾아야 하는 때가 바로 오늘의 때가 아닌가 싶다.

물론 산업문명 시대 이후로 서구 기독교 문명이 제시한 근대적 보편들로 인류 삶이 한 번 크게 통합이 되었다고 할 수 있지만 요즈음 그것들이 한계를 드러내면서 다시 새로운 통합의 원리를 추구하고 있다. 하지만 산티아고 순례길을 걸으며 그 길 위의 대부분의 사람들이 여전히 서양 중심적, 서구 기독교 문명 중심적인 것을 보면서 한국 여성으로서 동서 통합적으로 사고하고, 거기에 한국적이라는 요소를 첨가하려는 것이 무엇일까를 많이 생각했다. 그 가운데서 우리가 살고 있는 한반도는 아직 남북 분단이라는 근대 냉전이데올로기도 청산하지 못했으니 우리는 더욱 더 그 분열을 뛰어넘는 큰 화합과 통일을 생각하는지도 모르겠다.

III. 한국적 신학의 화두로서의 聖·性·誠

이 세 가지 성의 글자는 지금까지 유교와 기독교 문명의 대화를 시도하는 한국 여성사고가로서 그 대화의 가능성을 여러 가지로 탐색해오는 가운데 얻게 된 개념들이다. 이 세 개념을 이후 사고의 여러 영역에 적용하면서 계속 실험하고 있는데, 먼저 신학적으로 첫 번째 성(聖)은 주로 '통합성'으로 해석하면서 전통적 기독교 신(神)의 이름에 대한 대안을 제시하는 의미로 사용한다. 우리가 알다시피 유대 기독교 문명의 하나님은 그 초월성에 대한 강조로 성(聖, the sacred)과 속(束, the profane)을 엄격하게 이분한다. 더군다나 이 구분이 시간과 더불어 점점 더 실체론적으로 굳어지면서 오늘 한국교회가 고질병으로 앓고 있는 것과 같은 가부장적 성직자 중심주의, 교회 중심주의, 반생태적 사고, 몸의 물화 등을 야기해 왔다.

그 대안으로 전통의 유대 기독교 신앙에서보다 훨씬 더 세계내적(世間的)으로 거룩과 초월을 세상 안으로 끌어오는 동아시아 유교 전통의 聖의 개념을 가져왔다. 聖은 그런 의미에서 두 영역을 보다 긴밀하게 연결시키려는 통합적 사고의 언어이다. 또한 예를 들어 20세기 여성정치철학자 한나 아렌트가 "악(惡)의 평범성"을 말하면서 악이라는 부정성의 보편화를 통해서 세상을 치유하는 길을 찾고자 했다면, 나는 여성종교가로서 聖의 평범성을 말하면서 온 세상을 거룩의 영역으로 화하게 하는 "聖의 평범성의 확대"라는 긍정성의 일에 주목하고자 한다.

두 번째 성(性)은 그리스도성의 보편에 관한 일이다. 즉 새로운 인간론(身)과 구원론을 말한다. 여기서도 전통의 기독론과 인간론이 우리의 몸과 정신, 신체와 마음, 세상과 그리스도를 과격한 이원론으로 나누고, 그 그리스도성을 2천 년 전 역사의 한 시점에 고정시킴으로써 점점 더 하나의 생명 없는 이데올로기로 화하는 것에 대한 대안을 찾는 일이다. 동아시아의 '성'(性)은 그 글자 '性'에서도 드러나듯이 인간 속의 내재적 초월로서의 '살아있는, 또는 살리는(生)' '마음'(忄)을 역설한다. 그것이 인간 본래의 '본성'(nature)이라는 것이다. 그렇게 본다면 그것은 모든 인간의 그리스도화의 가능성을 훨씬 더 역동적이고 보편적으로 지시하는 것이고, 그래서 그것이 살아있는 믿음과 행위의 원리로 작동할 수 있다.

또한 거기서 그 性은 몸(意)이기도 하고 마음이기도 하고, 그 마음을 감정(情)으로도 이해하고 이성(理)으로도 파악하여 더욱 다면적인 인간 이해를 가능케 한다. 그것을 통해서 특히 오늘날 몸의 물화와 물질과 정신의 배타적인 이원론을 넘어설 수 있도록 한다. 예수가 그리스도인 것은 자신속의 만물을 살리는 본성(性)에 대한 깊은 자각으로 그 마음을 온 세상으로 확장해 갔기 때문이라고 해석해보고자 하는데, 17세기 조선의 성리학자 정하곡(鄭霞谷, 1649-1736)은 그 마음을 특히 '생리'(生理)라는 말로 표현했다. 여성들이 매달 몸으로써 경험하는 '달거리'(생리, menstruation)와 같은 단어인 것이 의미심장하다. 유대 전통에서는 생리를 속(俗)되다고 여기는데, 사실 그 생리야말로 생명을 낳고 삶을 살리는 힘이 그 안에 들어 있다는 말이다.

마지막 '성'(誠) 자(字)는 성실 성, 진실과 참됨의 성 자이다. 이것을 나는 여러 가지로 풀어왔다. 전통적인 기독교 신앙에서의 '신앙'(信)에 대한 말로 쓰기도 했고, 참된 성령론을 지시하는 언어로, 또한 '지속성'으로 주로 해석하면서 앞의 두 성이 종교(聖)와 정치(性)의 영역을 가리킨다면 이 성은 '교육'(誠)을 지시하는 말이라고도 보았다. 즉 전통 기독교의 신앙이 행위와 많이 유리되면서 단지 말뿐이고, 생각뿐이라는 비판에 대해서 믿음과 행위가 하나 되는 지경까지 지속하는 믿음, 구체적인 현실로 만들어내는 실천(行), 참 성령의 진위는 그 구체적 열매로써 판가름한다는 대안적 성령의 의미로 보는 것 등이다.

'말씀 언(言)' 변에 '이룰 성(成)' 자가 붙어 있다는 것은 내가 믿는 것을 구체적으로 현실에서 우리 몸으로, 현실로써 이뤄낼 때까지 믿음을 지속하라는 의미이다. 또는 내가 받은 계시, 믿음을 끝까지 지속해서 삶과 현실로 이뤄내기 위해서는 지속적인 믿음과 상상의 힘이 필요하고, 그래서 誠은 믿음과 행위, 상상과 실천 모두를 포괄하곤 한다. 이것은 종교와 정치가 한 사회에서 열매로 맺어지기 위해서는 그것이 '교육'으로 실천되지 않고서는 되지 않는다는 지혜를 표현하는 것이기도 하다. 그런 의미에서 誠은 지성(聖)과 인성(性)을 모두 포괄하는 참된 '영성(誠)'이라고도 여긴다. 이렇게 해서 나는 서구 기독교 전통의 '신(神), 신(身), 신(信)'의 세 언어를 그 대안적, 또는 상환적 의미로 '성(聖), 성(性), 성(誠)'의 세 가지로 연결하여 사고하면서 나름의 '한국적 신학', '한국적 여성신학'을 구성해보려고 시도한다.

IV. 촛불 시민혁명에 대한 성찰

많은 사람들이 그렇게 여기듯이 이번 촛불 시민혁명이 시작될 수 있었던 것이 단순히 박근혜-최순실 게이트 때문만이 아니라고 생각한다. 그보다 훨씬 더 이른 시절로 돌아가서 근대기에서만 보더라도 동학혁명, 3.1운동, 4.19혁명, 6.10항쟁, 오늘의 촛불 시민혁명에 이르기까지 우리 국민들 속에서 한국 고유의 초월 경험(무교, 도교, 불교, 유교, 기독교 등)과 연결되는 어떤 원초적인 선함의 씨앗이 촉발되었기 때문이라고 생각한다. 그게 평소 때는 눌릴 때까지 눌려 있다가, 다시 말하면 우리 민족의 삶의 원리는 먼저 자기 감수와 자기희생, 오래 참음이었다가 어떤 지점에 오면 더 이상 '이건 아니다'라고 싶을 때 그것이 크게 폭발한다는 것이다. 그 폭발은 도도한 저항과 분노, 변혁의 힘으로 일어나서 큰 새로움을 가져온다고 본다. 유영모 선생이나 함석헌 선생은 이것을 '씨올'의 자유의식으로도 그리셨는데, 나는 인간의 원초적인 자발성과 선한 생명력(仁), '차마 보지 못하는 마음'(不忍之心) 등으로도 표현해보고자 한다.

이번에도 나는 그것이 건드려졌다고 생각한다. 그 원초적인 선함을 건드리면 사람들은 놀랍게 하나가 되면서 다 같이 선해진다. '나의 원래 모습은 이렇게 비겁하게 억눌린 모습이 아니고 찢겨진 모습이 아니었는데'라는 것을 기억해 내면서 그렇게 오랜 시간에 걸쳐서 근본적인 자존감이 훼손되었다는 것을 자각하며 분노한다. 그래서 폭발하고, 다시 원래의 모습을 회복하기 위해서 사람들은 함께 단결하면서 거칠 것이 없이 일어서는 모습이 보여준다.

사람들이 광장에 가면 굉장히 착해진다. 두려움을 극복한 모습이고, 스스로가 선 모습이다. 누구나 자기 자신으로 돌아온 것 같은 명쾌한 모습인데, 그런데 관건은 그 모습을 어떻게 광장을 떠나서도 지속시키느냐 하는 것이다. 그러기 위해서는 또 다른 힘과 모멘텀이 있어야 한다. 나는 그 일이, 그 선한 마음이 우리 매일의 일상과 판단력이 되도록 하는 일과 관계된다고 보는데, 그래서 '입법'과 '정치', '교육'의 일과 긴밀히 연관되므로 더 깊은 성찰과 인내와 실천과 희생이 요구된다. 그래서 우리가 다시 선거와 입법을 말하고, 법적 정의와 더불어 우리의 원초적 상상력을 지속하는 시를 말하며 여러 가지로 모색하고 있다. 한 가지

다행한 일은 시민들의 높은 지적 역량이다. 많은 문제점에도 불구하고 유교 문명권 속에 배태되어 있는 배움에 대한 존중(好學)이 하나의 문화로 축적되어서 그 역할을 하는 것으로 볼 수 있다. 광장에 모인 사람들의 지적 능력이 이만큼 높은 나라를 찾아보기 어렵다. 스마트폰과 같은 테크놀로지의 역할도 같은 맥락에서 이해할 수 있다.

하지만 진행과 구체적인 측면에서 우려도 많이 있다. 시민들의 원초적이고 선한 인간적인 힘을 묶어서 그것을 지속적인 사회 변혁의 힘으로 모아내고 구성해내기 위해서는 동시에 리더십의 역할이 긴요한데, 이 일을 누가 맡을 수 있겠느냐는 물음이다. 오늘 리더십에서 제일의 관건은 전혀 다른 길을 가겠다는 소수자의 용기와 자기포기, 이미 기득권자가 되어서 얻은 많은 것을 내려놓는 자기희생일 터인데, 그렇게 다른 길을 갈 수 있는 리더를 만나는 일이 쉽지 않기 때문이다. 이제 진정으로 보수, 진보를 떠나서 기득권자들이 자신을 내어 놓고 지금까지와는 다른 길을 가야한다. 스스로를 내려놓고 희생하는 진보권 기득세력, 이런 힘들이 모아져야 역사적인 모멘텀이 얻어질 수 있기 때문에 시대의 고민이 정말 깊다.

V. 루터 종교개혁 500주년과 한국교회

우리가 잘 알다시피 기독교가 처음 이 땅에 왔을 때 그것은 큰 '다름'이었고, 오늘의 대한민국은 당시 그 다름을 온갖 어려움에도 불구하고 받아들인 사람들에 의해서 가능해질 수 있었다. 그런데 그 다름이 이제는 다시 자신들을 절대화하고 보수화되어서 이후 시간 속에서 또 다르게 등장하는 새로움을 받아들이려 하지 않는다. 그런데 이미 정답으로 확정난 것들에 매달리면서 그것만을 절대화할 때 거기에는 분명 부패가 일어난다. 오늘 교회 밖과 세상은 급속도로 변화하는데, 보수 기독교계 신자들은 그와는 다른 이야기를 들을 수 있는 기회조차 차단되어 예전의 것을 문자적으로만 되뇌고 있기 때문에 점점 더 쌓이는 것은 두려움이고, 자기 경직일 뿐이다. 그런 교회가 추구하는 것은 오직 가진 것의 보존(conservation)과 유지, 안정일 뿐이고, 그래서 점점 더 '보수적'(conservative)이 되어간다.

그러한 삶은 '과거'에만 묶여 있는 것이든지 아니면 '미래'만을 위해서 사는 '현재'가 없는 삶이다. 그래서 살아도 사는 것이 아니기 때문에 시간이 갈수록 더욱 쌓이는 것은 욕심이고, 두려움과 외로움이다. 나는 한국 개신교가 배출한 문화의 한 모습이 강남 대형교회 출신의 최순실이고, 이명박 정부이며, 그 안의 또 다른 꼭두각시 박근혜 정부라고 여긴다. 우리가 올해 종교개혁 500년주년을 기념하고자 하지만 사실 루터 종교개혁의 3대 원리, '오직 믿음', '오직 은총', '오직 성서'가 그동안 많이 형해화되었고 경직되었다. 지금까지 지적한 한국교회의 깊은 병과 왜곡이 그 결과라고 여긴다.

그런 의미에서 나에게 있어서의 종교개혁 500주년은 바로 그 세 가지 원리들을 앞에서 말한 한국적 초월의 세 원리(聖·性·誠)로 해체하고 재구성하는 일이다. 이미 촛불 시민항쟁과 그 이전 세월호를 겪으며 그 유족들이 기성교회를 탈출해서 스스로 새롭게 주체적으로 공동체를 이루어가는 모습을 보면서 새로운 희망의 근거를 보았다. 그런 것들을 함께 엮어서 오는 5월에 독일 베를린과 비텐베르크에서 열리는 독일 '교회의 날'(Kirchentag) 〈The Centre for Reformation & Transformation〉이라는 프로그램에서 이야기해 보려고 한다. 이제 기독교 제2의 종교개혁은 동아시아로부터 시작되어야 하지 않을까 하는 나의 생각을 조심스럽게 드러내보려고 한다. 한국의 새로운 에큐메니칼 운동인 '작은교회 운동'도 그 구체적 모습 중의 하나라고 나는 생각한다.

나는 어쩌면 한국 보수 대형교회들의 부패가 오늘보다 더 극심한 형태로 가지 않고서는 스스로 정화가 힘들지 않을까 하는 생각도 가지고 있다. 세습과 성 중독, 정치와 문화의 영역까지 넘나들며 나라 전체의 일에서 이익을 챙기려는 끝없는 탐욕, 심지어는 약물 중독 등, 그 끝이 어디일까를 상상하기도 어렵지만 요즈음 최순실과 그 아버지 최태민 등으로부터 그 자녀들의 파행까지 이어지는 모습들을 보면서 유사한 형국이 아닐까 생각해 본다. 절대 권력은 절대 부패하고, 절대화된 신앙이 어떻게 악마화 되는지를 우리는 많이 경험한 것처럼 그런 파국을 겪고서나 새로움이 있을까, 아직 더 시간이 필요한가 라고 묻곤 한다. 더 끝까지 가서 대형교회의 타락상을 보고, 특히 거기서의 남성 목회자들의 패행과 적폐가 곪을 대로 곪아서 터져야지만 변화가 오지 않을까?

VI. 우리 시대와 페스탈로치 교육운동

〈에큐메니안〉에 연재를 통해 페스탈로치를 다시 살펴보려고 하는 것은 그가 한국 교육뿐만 아니라 신학계에도 의미가 있는 인물이기 때문이다. 위에서 지금까지 이야기한 새로운 세계관적 구조에 따른 세계 의미 실현의 방식을 페스탈로치라는 사상가에게서 보았고, 그런 의미에서 그는 아주 동양적이고, 유교적이며, 여성적인 사고가라고 생각했다. 페스탈로치 교육의 핵심은 왕좌에 앉은 사람이든지, 시골 초라한 오두막에 사는 사람이든지 누구나 그 안에 거룩의 씨앗을 담지하고 있다는 것이다. 이런 관점에서 한국교회가 페스탈로치적인 목회를 하고, 교육을 하려고 한다면, 그것은 가장 먼저 그동안의 인간 이해, 기독론을 크게 바꿔야 한다는 의미이다.

다시 말해, 예수만이 하나님의 자녀가 아니라 모든 사람이 하나님의 자녀라는 것을 진정으로 받아들이고 지금까지의 하나님 이해와 그리스도 이해를 바꾸라는 것이다. 그렇게 되다 보면 목회와 설교가 자연스럽게 교인 개개인의 성장에 초점이 맞춰질 것이고, 그러면 목회자 중심에서 벗어나 개개인의 교인들이 사고할 수 있는 힘, 교회를 이끌 수 있는 힘이 생길 것이다.

그러면 각각의 개인들이 그리스도의 모습까지 도달하려고 노력할 것이고, 거기서 교회 안에 독서 모임이 생기고, 토론 모임이 생기고, 자연스럽게 자발적인 예배로 이어져 교회 자체가 공동체의 살아있는 배움의 장으로 변하게 될 것이다. 교회교육에 있어서 페스탈로치를 통해서 얻을 수 있는 것은 교회가 또 하나의 사교육장처럼 변해야 한다는 것이 아니라 이렇게 근본적인 신학적인 전제를 바꾸고, "노력의 종교(日步)"로서 거듭남이라고 할 수 있다.

페스탈로치는 300년 전 사람이다. 오늘 한국 민중들의 지적, 영적 능력은 그 당시와 비교할 수 없다. 그래서 그의 이론을 그대로 적용하기는 힘들지만, 오늘 우리 시대도 그의 시대처럼 또 하나의 새로운 시대로 가는 시점이어서 인간 삶과 정치, 교육의 기본적인 구조는 그대로 적용될 수 있다. '내재적 인간'을 간과하지 말고, 그 자연적인 가능성의 성장을 위해서 성장 과정 속에 안정된 작은 그룹의 함께함의 경험이 긴요하다는 것이 그렇다. 나는 이 두 가지 요소("신적 불꽃", '가족'과 같은 삶의 작은 반경)를 誠의 길, 살리는 길, 거룩의 길이라고 생각한다.

VII. 우리 시대의 '통합 학문연구가'로서의 고충과 여성성의 의미

참 어려운 문제다. 지금의 나도 많이 힘든 것이 사실이다. '생리'(生理)라는 말로 다시 돌아가 보면, 세상에 새로 태어난 생명이 자라서 활짝 꽃피기 위해서는 어느 정도의 집중적인 돌봄을 필요로 한다. 그것이 없이는 어렵다. 그런데 그런 집중적 돌봄은 그것을 수행하는 사람에게는 철저히 자기를 소멸시키는 경험을 요구한다. 이 일을 지금까지 여성들이 해왔고, 아직까지도 여성들이 그 일을 주로 담당하고 있고, 사람들은 대부분 그것을 모성이라고 부른다.

그런 역할은 여성의 몸으로부터 출발한다. 열 달 동안 자기 몸을 가지고 한 생명을 태어나게 하기 위해 모두 내어주는 것, 그 자체만으로도 공동체가 감사해야 할 일이다. 그런데 오늘 우리 사회는 그러한 모성을 여전히 한 개인한테만, 한 가정에게만 그 책임을 모두 부과한다. 그렇게 하기에는 그 일은 너무도 중요하고, 너무도 귀하고, 너무나 힘든 일인데도 말이다. 그렇기 때문에 이제는 그 일을 나눠야 하고, 그 일을 하는 사람에게 우리 공동체가 더욱 더 적극적으로 함께해 주고 보상해 주어야 한다.

어린이 집에서 아이들을 돌보는 교사들이 너무 적은 임금을 받는다. 한 명씩 맡는 것도 아니고 수 명씩 맡겨놓고 CCTV까지 달아놓았다. 그것은 교사들의 입장에서 보면 너무나 잔혹한 일이다. 그런 의미에서 모성의 역할을 더 이상 생물학적 여성에게만 한정해서는 안 되고, 마음의 모성, 사회적 모성의 역할을 더욱 확장시키고, 그 일들이 가능해질 수 있도록 우리 공동체가 함께 노력해야 한다. 21세기 삶의 정황이 급격히 달라지고 있다. 이제 곧 여성의 자궁조차도 인공으로 만들 수 있는 시대가 올 것이다.

우리 사회가 그런 모성의 역할들을 훨씬 더 귀중하게 생각할 때 모성이 유지되어 나가는 것이지, 그렇게 되지 않고서 우리 사회가 모성적이지 않다, 대통령이 긍정적인 여성성을 보여주지 않는다는 식의 비판은 적당하지 않다고 생각한다. 박근혜 대통령과 최순실 씨의 여성성에 대한 이야기는 그렇게 간단한 물음이 아니고, 보다 더 복합적인 시각

속에서 나눌 이야기이다. 모든 다른 요소들은 놔두고 그들이 생물학적으로 여성이라는 것에만 초점을 맞추어 프로파간다식으로 논하는 것은 우리 누구에게도 도움이 되지 않는다.

나는 여성 후배들에게 자기 자신을 좁은 의미의 여성으로만 한정하지 말라고 말해주고 싶다. 자신의 몸으로 모성의 역할을 하는 것도 본인의 성찰과 판단에 따라 선택할 수 있도록 애써야 한다. 수운 선생의 언어대로 그것을 선택했으면 그것을 이루는 동안에 그 일에 집중하는 것이 '믿음'이다(定之後言 不信曰信, 한번 작정한 뒤에는 다른 말을 믿지 않는 것이 믿음이다). 그러나 이러한 말에도 불구하고 우리는 그 일이 개인적인 믿음으로 모두 감당할 수 없는 어려움이라는 것을 알기 때문에 더욱더 공동체적인 도움이 필요하고 더 나아가 교회의 도움도 필요하다.

이미 오바마 대통령도 그 퇴임식에서 강조했지만, 나도 무엇보다 네 속에 스스로 변화할 수 있는 힘이 있다는 것을 믿으라고 말해주고 싶다. 앞에서 밝혔듯이 '21세기 보편영성으로서의 誠(성실성)'이라는 것은 스스로 성찰해서 자신의 언어로 세상을 그리고 파악할 수 있는 힘을 말한다. 그것이 바로 창조력이자 하나님이 인간에게 주신 가장 기본적인 생리(生理)이다. 그 한 좋은 예를 최근 〈한겨레신문〉에서 연재를 시작한 〈김미경의 그림나무〉의 주인공 김미경씨에게서 본다.

그녀는 27년간의 직장생활을 하다 쉰네 살에 그만두고 2014년에 전업화가를 선택했다. 그러나 어떤 전문적인 미술선생을 찾아간 것이 아니라 스스로 펜과 스케치북을 들고서 지금까지 오래 살아왔던 동네 골목의 옥상에 올라가서 그 옥상에서 바라보는 서촌의 풍경들을 그려냈다. 그 일을 통해서 그녀는 지금까지 쭉 거기에 있어왔지만 아무도 발견해 내지 못한 동네의 실재들을 참으로 세밀하게 세상으로 불러왔고, 그래서 새로운 화풍을 창조해내는 중이며, 그녀 스스로도 상상할 수 없었던 새로운 친구들을 만났다. 인왕산, 나무, 진달래, 새, 기왓장, 전봇대, 골목길, 햇볕, 구름, 바람 등등. 그녀는 자신을 "세상미술대학 4학년생"이라고 소개하고, 교수님으로 인왕산님, 기와집님, 나무님 등을 소개한다. "앞으로 어떤 새 친구들을 만나게 될지, 새로 만나게 될 또 다른 원초적인 친구들이 나를 어떻게 바꾸어놓을지 궁금해 죽겠다"(〈한겨레신문〉 2017.1.7.20면)라고 말하며 "오래되었으나 새로운 내 원초적인 것들과의 사랑"에 푹 빠져 춤추며 살고 있다고 고백한다.

VIII. 마무리하는 말

앞에서 21세기 보편영성으로 말한 또 다른 하나, 孝에 대해서 언급하고 인터뷰를 마무리하고 싶다. 나는 효라고 하는 것을 오늘의 더욱 보편적인 의미로 '겸비'와 '겸손'이라고 해석하고자 한다. 나의 생각이 새로운 창조를 가능케 하지만, 동시에 그 창조는 상대적이며, 그래서 무근거가 아니라는 것을 받아들이는 것을 말한다. 그래야 괴물이 되지 않는다. 그렇지 않을 경우 자기 것을 절대화하기 쉽다. 그런데 특히 여성들에게 이 겸비 내지는 효를 말한다는 것이 매우 조심스럽지만, 그러나 한편으로 어쩌면 이것을 우리가 이제 진정으로 다시 돌아보아야 하는지도 모르겠다. 아무튼 나의 지금 생각은 그렇다.

앞으로 굉장히 빠른 변화가 있을 것이다. 미국 트럼프 대통령의 취임날 미국 전역뿐 아니라 세계 곳곳에서 그에 반대하는 여성들과 여러 모양의 소수자들의 행진이 있었고(Women's March), 한국에서 우리의 촛불행진도 계속되고 있는 것을 지적하고 싶다. 트럼프로 대변되는 백인 남성우월주의, 제국주의적 기독교 근본주의, 만인 대 만인의 투쟁을 다시 부르는 강자의 힘으로서의 정의와 경제/군사제일주의 등, 우리가 더욱 더 싸워야 할 것이 그의 등장을 통해서 좀 더 분명해졌다는 것이 하나의 역설적인 희망이라면 희망일까?

한국 여성들에 대한 기대가 크다. 박근혜, 최순실의 경우 같이 부정적으로 표현되기도 했지만, 그들 역량의 물꼬를 터주면 큰 가능성으로 표현될 수 있다는 것을 세계가 이구동성으로 말한다. 한국의 젊은 세대 여성들은 지금까지의 누구보다도 우수한 교육을 받았고, 뛰어난 역량을 길러왔다. 국제적 감각도 있다. 앞으로 그들의 힘, 세상을 살려내는 생리(生理)의 힘으로 인류와 지구의 생명이 한 차원 더 업그레이드 될 것임을 나는 믿고 희망한다. 가야할 많은 다른 길이 있다.

소수자의 거룩함(聖)과 본분(性)
그리고 세상의 깨어남(誠)*

이스라엘 자손이 이집트 땅에서 나온 지 이 년이 되던 해 둘째 달 초하루에, 주께서 시내 광야의 회막에서 모세에게 말씀하셨다. "너희는 이스라엘 자손의 온 회중을 각 가문별, 가족별로 인구를 조사하여라." … 주께서 모세에게 이렇게 분부하여 이르셨다.

레위지파만은 인구조사에서 빼고 이스라엘 징집자 명단에 올리지 말아

---

* 본 글은 2017년 9월에 발간된 『촛불 민주화 시대의 그리스도인』(NCCK 신학위원회 엮음, 동연, 2017)에 실린 본인의 글 "소수자의 본분과 세상의 깨어남"(173-181)을 다시 다듬고 보완한 것으로 2017년 7월 20일 NCCK 제66회 정기총회에서 주제 강연으로 발표한 것이다.

라. 그 대신 너는 레위 사람을 시켜, 증거궤가 보관된 성막을 보살피게 하여라. … 그들은 **성막**을 돌보며, 성막 둘레에 진을 치고 살아야 한다 (민수기 1:1-50).

우리는 이 세상에서 진실을 살도록 창조되었어. … 우리는 이 인간 세상의 가장자리에 있지. 우리를 위해서는 아무런 장소도, 오피스도, 타이틀도 없어. 모든 거짓은 자기 자리를 가지고 있지만 영원한 진실, 진정한 삶과 느낌은 자리가 없는 걸! 그래서 우리는 이 세상으로부터 제외된 거야. 너는 그것을 공격했기 때문에, … 나는 죄를 지을 수 없고 그것과 더불어 거짓을 말할 수 없기 때문에(Hannah Arendt, *Rahel Varnhagen-The Life of a Jewish Woman*, 205).

I. 시작하며

주지하다시피 2017년 독일 에버트 재단은 그 인권상을 대한민국의 촛불시민에게 수여하였다. 이렇게 인류 역사상 최대의 시위라는 평가를 받았고, '평화와 축제'로 상징되는 촛불혁명으로 새로운 세상을 맞이한 한국 사회에 요즈음 '소수자'(minority)에 대한 이야기가 무성하다. 또한 이와 더불어 곳곳에서 터져 나오는 '갑질'과 '을질'에 관한 여러 이야기는 그동안 한국 사회가 얼마나 폭력적으로 배타적이었고, 분파적이었으며, 그로 인한 상처가 깊었는지를 잘 알게 한다. 오늘날 연일 각종 방송매체를 통해서 쏟아져 나오는 지난 정권들에서의 적폐 이야기는 우리로 하여금 입을 다물지 못하게 하고, 그 가운데서 힘없고, 새로운 것을 말하고, 다른 길을 가면서 그 일을 살아내고자 했던 우리 사회 소수자들의 삶이 얼마나 고통스러웠을 것이라는 사실을 잘 짐작하게 한다.

II. 소수자의 본분

앞에 든 히브리 성서 〈민수기〉의 말씀은 〈레위기〉서에 이어서 계속되는 말씀으로 하나님이 이스라엘 백성을 이집트의 종살이에서 구해내시고 젖과 꿀이 흐르는 가나안 땅으로 인도하시기 전에 광야에서 부탁하신 일에 대한 이야기이다. 이스라엘 12지파의 인구수를 세고, 그들 중 누가 얼마나 군대의 일을 담당할 수 있겠는가를 정리하라는 말씀이다. 그런데 이 가운데서 레위 지파만은 인구수에 넣지도 말고, 군대 징집자의 명단에도 등록하지 말고 하신다. 대신 그들에게는 하나님의 증거궤가 들어있는 성막을 지키는 일을 맡기라는 것이다. 어떻게 보면 레위인들에 대한 이러한 구분과 면함은 그들에게 일종의 '특권'을 부여하는 일일 수 있다. 왜냐하면 그들이 생사의 위험 부담률이 매우 높고, 노동의 강도가 센 '군대'라는 일로부터 면함을 받았기 때문이다. 하지만 한 번 더 생각해 보면 이 일은 국가의 진정한 공동체로부터 소외를 당하는 일이기도 하다. 군대라고 하면 오늘날에도 여전히 그렇지만 당시에는 더욱 더 공동체의 안위와 유지를 위해서 참으로 긴요한 일이었고, 국가의 가장 핵심적인 일인데 그 일에서 역할을 받지 못했기 때문이다. 그들이 인구수를 세는 데 있어서도 "함께 등록되지 않았다"는 것은 그들은 열외이고, 오늘 우리의 언어로 하면 '소수자'이고, '아웃사이더'가 될 수밖에 없다는 것을 지시한다. 그런데 그 열외의 사람에게 하나님은 '증거궤'가 들어있는 '성막을 지키는 일'을 맡기신 것이다.

하나님 성막 안에 있는 증거궤의 말씀에 따르면, 하나님은 이스라엘 백성에게 먼저 '내 앞에서 다른 신들을 섬기지 말라'고 하셨다. 이것은 당시 주변의 다른 민족들처럼 '어떤 모양을 본떠 만든 우상'을 섬기지 말고, 오직 예전 이집트 땅, 종살이하던 집에서 이끌어 낸 '주 너희의 하나님'만을 섬기라는 명령이다. 이 명령이 의미하는 바를 나는 두 가지 차원으로 이해해 보고자 한다. 첫째, 모양을 본떠 만든 우상을 섬기지 말라는 것은 어떤 눈에 보이는 구체적인 '형상'에 얽매이지 말라는 것이다. 오히려 자신들의 과거의 경험에 대해서 말하고 이야기하는 언어를 통해서 하나님을 믿는 일에 집중하라는 것이다. 즉 주변 다른 사람들과는 달리 인간 '언어'와 '사고'(상상)의 일로서의 하나님 신앙과 '믿음'을 강조한 것이다. 그러나 다른 한편으로 하나님에 대한 어떤 형상도 만들지 말라는 것은 다시 그 사고의 한 유형이기도 한 '상상'을 하지 말라는 명령이다. 즉 주변 사람들은 자신들의 상상력으로 신의 모습을 그들 자신의 주관대로 그리고 상상하여 어떤 형상을 만들어 숭배하지만, 이스라엘의 하나님은 그러한 주관적 상상을 모두 금지한다는 말씀이다. 대신에 그들이 과거에 직접 몸으로 경험하고 체험해서 전승된 이야기(증 거궤)에 충실하라는 것이다.

III. 소수자와 상상

이렇듯 이스라엘의 백성 중에서도 소수자이고 열외의 사람들에게 하나님이 맡기신 일은 '상상'과 관련된 일이다. 그 상상과 관련된 일이 성막(聖)을 지키는 일이고, 당시 공동체 대부분의 사람들이 일반적으로 하는 군대의 노동이 아니라 '믿음'과 '상상'과 '언어'와 '역사'와 관련된 특별한 일이라는 것이다. 나는 우리 시대 소수자의 일도 이와 크게 다르지 않다고 생각한다. 오늘 우리 시대 사람들이 일반적으로 왜곡되게 상상하여 아주 편파적으로 자신들만의 가치(聖)와 옳음(善)을 특정한 형상으로 만들고, 그것을 자신들의 신(神)으로 배타적으로 섬기면서 거기에 들지 않는 그룹과 가능성은 천하고(俗) 악한(惡) 것으로 소외시키는 행태에 대해 저항하고, 그 왜곡된 형상을 해체하는 일을 말한다. 여기서 소수자가 하는 일도 다시 '상상'이다. 그러나 왜곡되고 편파적인 상상이 아니라 바른 상상으로 다른 사람들이 보지 못하고 생각하지 못하는 것을 다시 보고 상상하여 지금까지 가치와 존재의 영역으로부터 소외되어 있는 것들을 다시 복권시키라는 것이다. 그 일은 한편으로 시대의 사람들이 일반적으로 빠져있는 잘못된 상상을 부수는 일이고, 즉 상상하지 않으면서 오히려 눈에 그릴 수는 없지만 말씀과 언약과 약속을 믿는 일이고, 다른 한편으로는 새로운 상상으로 과거의 형상을 넘어서 하나님을 새롭게 그리는 일을 하라는 것이다. 소수자 레위인들이 성막을 지킨다는 일은 그곳의 증거판으로 이스라엘 백성들이 자꾸 빠져드는 눈에 보이는 형상으로 만들어진 우상을 깨부수는 일이고, 또 그 증거판의 언어로 잊혀가는 하나님의 약속을 다시 새롭게 상기시키는 일인 것이다.

IV. 변방인(pariah)으로서의 소수자

그렇지만 이렇게 기성의 상상을 깨고 다시 새롭게 가치와 의미를 세우는 일을 하다 보니 그 일을 하는 소수자는 자기 시대 주류의 사람들로부터 소외당하고, 명단에도 끼지 못하는 열외의 아웃사이더(outsider)와 변방인(pariah)으로 취급당한다. 시대는 종종 그러한 소수자를 핍박하고 억압하고, 자신과 다른 것을 말하고 상상하면서 그 시대가 가지는 상상과 형상의 한계와 불의를 지적하기 때문에 그것을 싫어하고 어떻게든 억누르고자 한다. 과거 이스라엘의 예언자들이 그러한 일들을 혹독하게 겪었고, 예수의 삶도 그와 다르지 않으며, 우리 시대에도 각 분야의 소수자들이 하고 겪는 일이 그렇게 다른 일이 아니라고 본다. 오늘 각종 갑질에 저항하는 사람들, 스스로 을질을 그만두고 거둠으로써 그전에 을질을 통해서 가까스로 유지했던 안정과 소속을 과감히 떨치고 용기 있게 스스로 서고자 하는 사람들, 나라와 언어를 잃고 혹독한 식민지 속에 놓였을 때 그것을 넘어서 큰 희생으로 나라를 다시 찾고자 애쓴 사람들, 민주화운동의 혹독함을 넘어서 민중과 촛불과 시민의 새 시대를 연 사람들, 가장 먼저 용기 있게 자신의 존재와 일본제국주의 국가의 불의를 알린 김학순 여사 외 일본군 위안부 할머니들 등, 이런 각 시대와 영역의 소수자들이 이룬 일들이 바로 그런 것이었다고 할 수 있다. 그것은 '고독'을 견디는 일이었고, 지금 뚜렷한 형상으로 눈에 잘 보이지는 않지만 용기 있는 '상상'과 '저항'으로 시대의 주류와 일반에 맞서는 일이었던 것이다.

V. 소수자의 고독과 저항

이렇게 소수자의 일은 자신의 시대와 반목하고 눈에 보이는 것에 저항하면서 당시는 잘 드러나지 않는 '다름'과 '새로움'을 찾는 일이므로 이 일은 그것을 맡은 자들에게 여간 어려운 일이 아니다. 그래서 소수자는 스스로 끊임없이 자기 정체성에 대해서 묻고 의심하지만, 사람들은 그를 어떻게든 '동화'(assimilation)시키려 하고, 그렇지 않을 경우 차별하고, 게토에 몰아넣고, 매번 기회가 있을 때마다 그로 하여금 다시 자신의 존재성과 정체성에 대해서 밝히라고(coming out) 추궁한다. 18세기 유럽 계몽주의 시대가 도래하면서 그때까지 게토에 몰려있던 유대인들에게 유럽 사회의 시민으로 살 권리를 줄 테니 대신 '동화'하고, 기독교식 세례를 받고, 보편적인 유럽 사회의 구성원으로 살아가라고 하자 많은 유대인들이 따랐다. 왜냐하면 계속해서 소수자로 남아있는 일은 '우산도 없는 가운데 내리붓는 폭풍우 아래서 사는 삶'이고, '자신의 존재를 항상 반복적으로 정당화'하면서 살아야 하는 매우 고달픈 삶이기 때문이다. 그것도 바로 주변에서 같은 역사적 공간 안에서 살고 있는 사람들에게 반복적으로 자신의 존재를 증거해야 하므로 그러한 소수자는 주변 사람들에게 자신을 개방하기 어렵고, 대신 자기 안에 갇혀 지내는 매우 '혐오'스럽고, '너무 힘겹고', '역겨운' 삶을 살아간다.

20세기 서구 전체주의의 기원을 추적하면서 그 한 뿌리를 '반(反)유대주의'(antisemitism)에서 본 한나 아렌트는 18세기 베를린에서 그러한 소수자의 삶을 살았던 한 유대인 여성 라헬 파른하겐의 내면을 절실하게 그려낸다. 거기서 라헬은 자신의 유대인 성(性)으로 인해서 존재 자체가 문제가 되어서, 무시당하지 않고 차별을 받지 않으려고 항상 '특별한' 사람이 되라는 사회의 요구에 부응하고자 끊임없이 노력한다. 하지만 그렇게 고투하고 '비극적으로 노력'하는 가운데서도 죄책감과 더불어 항상 따라다니는 열등감의 절망 속에서 깨닫게 되기를, 자신도 한때 그렇게 원했지만, 만약 유대인 소수자의 신분에서 벗어나서 동화하라는 그 시대의 요구를 자신이 수용한다면, 그것은 "그와 더불어 그 시대가 유대인들에게 (불의하게) 가했던 증오도 함께 수용해야 하는 일"이므로 결코 받아들일 수 없다고 생각했다. 그래서 그녀는 끝까지 유대인과 국외자(페리아)으로 남았고, 그러나 이번에는 '의식적인 국외자'(conscious pariah)로, 즉 자신이 스스로 그렇게 되기로 결정한 소수자로 남는 것을 선택한 것이다.

VI. 소수자의 뛰어난 감수성과 보편화의 능력

그러한 소수자와 페리아들은 그렇지만 그들 스스로가 삶에서 '자신
이면서 동시에 자신이 아닌 것'을 증명해야 하고, '자연스러운 것이 인
위적인 것이 되는' 경험을 수없이 하면서 "악마적인 딜레마"를 견디며
살아왔기 때문에 거기서 "본능적으로 인간의 보편적인 위엄(권리)을
발견"하는 일에 뛰어난 감수성을 보인다. 앞에서 성막을 지키는 일이란
눈에 보이는 형상을 넘어서 그 형상 너머에 담지된 보다 근원적인 가치
와 삶의 토대를 보는 일이라고 한 것처럼 소수자는 겉으로 드러나는 차
이와 구별을 넘어서 "모든 인간의 존엄성에 대한 열정적인 이해심"을
가지고 있다. 그것은 개별적인 형상을 넘어서 보다 더 큰 차원에서 다른
것들을 포괄하는 '보편화'(inclination to generalize)에 대한 뜨거운 이
해와 열정을 말한다. 그리고 그러한 소수자들과 변방에 서있는 아웃사
이더들의 보편화하려는 열망과 감수성은 한 주류 사회가 자신들이 이
미 마련해 놓은 '특수'에 매여서 놓쳐버리거나, 억압하거나, 아직 발견
하지 못한 더 깊은 차원의 삶의 진실들을 드러나게 해준다. 그것을 통해
서 기성의 부패한 가치와 폭력과 비인간성을 극복할 수 있는 길을 열어
주는데, 그것이 바로 우리 사회가 소수자의 시각과 열정을 귀히 여기고
경청해주고 보살펴주어야 하는 이유인 것이다.

남들이 보지 못하는 것을 보고, 보편화에 대한 뛰어난 재능과 더불
어 때로 너무 과해서 '악덕'으로까지 이야기되는 '감사함'과 '친절함', 친
밀성의 능력을 가지고 있는 소수자는, 그렇지만 그 지난한 삶의 과정에

서 "본성을 희생함으로써만 사회적 실존을 얻을 수 있었던" 일과 주류 사회의 조건들에 의해서 모든 것을 잃어본 경험들을 많이 가지고 있기 때문에 종종 자기 폐쇄 속에 갇히고 만다. 그래서 그는 자신의 문제를 오로지 '개인적으로만' 풀려고 하고, 그 모든 것이 자기 자신의 개인적 무능과 문제인 양 하면서 다른 사람과 연대하는 것을 잘하지 못한다. 앞의 아렌트는 유대인들이 자신들이 혹독하게 겪었던 반유대주의가 하나의 '정치적 문제'라는 것을 보지 못했고, 그래서 개인으로만 각자가 뛰어나게 성공해서 그 소외와 학대에서 벗어나려고 했기 때문에 나중에 나치 시절에 그렇게 엄청난 대량 학살까지 겪게 되었다고 지적한다. 즉 소수자들의 정치적 무감각과 서로 연대하지 못함으로 인해서 자신들의 목소리를 하나의 정치권으로 키워내지 못하는 것을 말한다. 오늘 우리 시대의 소수자들에게도 이러한 지적은 매우 유의미하게 들린다.

VII. 한국교회, 소수자를 위한 피난처

나는 앞으로의 새로운 시대에서의 교회는 그러한 소수자들을 모으고, 안전하고 평화롭게 품을 수 있는 사회적 대안 공동체가 되어야 한다고 생각한다. 예전 〈민수기〉의 말씀에서도 하나님은 증거궤를 맡는 레위인들에게 줄 성읍 가운데서 또 얼마를 따로 떼어서 심지어는 사람을 죽인 자라도 재판을 받기 전에 죽는 일이 없도록 '도피처'(민35장)를 마련해서 그들을 그곳에 피하게 해주어야 한다고 요구하셨다. 한민족의 오랜 역사에서도 유사한 전통이 있는데, 그것은 예를 들어 '소도' 같은 곳이다. 소도는 거룩한 곳으로서 일종의 피난처의 역할을 했다. 그런데도 오늘 우리 사회에서 그렇게 소수자를 품어주는 곳이 하나도 없다면, 그래서 지금 모든 사람들에게 분명하게 보이지는 않지만 앞으로 우리 삶에서의 거룩과 존엄과 인권의 영역을 보다 더 넓게 확장시켜줄 신적 상상력의 거룩한 소수자들을 놓쳐버린다면 그것은 한 개인을 위해서뿐 아니라 우리 사회 전체를 위해서도 큰 손실일 것이다.

종교개혁 5백주년을 맞이하면서 한국교회의 근본적인 개혁을 염두에 두며 마련된 책 『한국적 작은교회론』(생명평화마당 엮음, 대한기독교서회, 2017)에 보면 "풀뿌리 평화공동체 형성의 걸음"이라는 제목의 글이 나온다. 거기서 저자(오세욱)는 이제 한국교회의 생태계가 이제 더이상 교회의 외적 성장이나 대형화를 허용하지 않는 상황에서 오늘 한국 땅에 무수히 퍼져있는 수많은 작은 교회들이 어떻게 변모하고, 어떤 역할을 함으로써 한국 사회를 위한 건강한 '풀뿌리 평화공동체'로 거듭날 수 있겠는가를 탐색한다. 여기서 복음과 교회의 '공공성'(公共性)을 특히 강조하는 저자는 마을과 지역의 작은 교회들이 일종의 담화공동체인 '평화서클'로 거듭날 것을 제안한다. 즉 사람들이 그곳에 와서는 평화롭고 안전하게 둘러앉아서 자신을 솔직하게 드러내놓고 서로의 삶과 관심을 나누면서 공동체를 경험할 수 있는 곳을 말한다. 거기서 목회자는 전통적인 형태로 권위와 언어와 영(靈)을 독점하는 대신에 서로가 평등하고 자유롭게 자신들의 이야기를 할 수 있고, 참다운 공동체의 관계를 이루게 하는 '조정자'(facilitator)의 역할을 할 수 있다. 또한 오늘 우리 사회에서 이렇게 불의가 만연하고 갈등과 폭력, 경쟁이 심각한데

도 어느 한군데 지속적이고 안전하게 '정의'나 '평화', '자기개방' 등의
주제에 관해서 서로의 이야기에 귀 기울이며 솔직하게 대화를 나눌 수
있는 곳이 없는데, 바로 마을의 작은 교회는 그러한 담화와 소통의 공간
이 되어줄 수 있다는 것이다. 그곳에 가면 정의에 대해서, 동성애에 대
해서, 자본과 경쟁에 대해서 열려진 마음과 정신으로, 안전하게 서로를
드러내면서 생각을 나눌 수 있는 곳, 그런 '대화와 소통의 공론장'이 되
고, 공부 공동체가 되는 일을 말하며, '회복적 생활교육'이 이루어지는
곳을 말하는 것이다. 한국 사회의 곳곳에 다시 오늘의 소도를 두는 일을
말한다.

VIII. 우리 시대의 거룩한 소수자들

그렇다면 이제 마지막으로 처음 민수기의 이야기대로 인구수에 들
지도 못하고 군대라고 하는 보편적인 호구책의 일도 갖지 못하지만 소
수자로서 하나님의 성막을 지키고 언약궤를 살피는 일을 통해서 이스
라엘을 참으로 이스라엘 되게 하는 핵심의 역할을 한 것과 같은 우리
시대의 소수자에 누가 있는지 살펴볼 일이다. 그들은 고통에 찬 희생에
도 불구하고 그 역할로 인해서 이전에는 알려지지 않던, 아니면 아직
의식되지 못하고 있던 존재와 생명의 권리를 새롭게 들추어내고 복권
시키는 일을 한다. 가장 먼저는 아직도 남북 분단의 이데올로기에 갇혀
서 다시 민족상잔의 큰 위기 앞에 놓여있는 한반도에서 그 통일과 평화

를 위해서 일하는 평화와 통일의 사람들이 있다. 여기에 더해서 지금까지의 장구한 인간 성 문화의 습성에 도전하면서 가족과 친밀의 새로운 길을 열려는 성소수자들이 생각난다. 또한 수백만의 생명을 집단 폐사시키는 일도 서슴없이 하면서 기존의 반생태적 먹거리 생산을 그대로 유지시키려는 밥상 산업에 저항하는 사람들, 지구상 생명 전체를 무화시킬 수 있는 핵무기와 핵발전에 'no'라는 선언으로 길고 위험한 싸움을 시작한 대안에너지 운동가들도 있다. 더불어 지금 학교와 교육으로 인해서 큰 고통 중에 있는 자라나는 세대들을 해방시키려는 탈학교의 운동가들, 또한 종교 국적의 다원화를 이루고 지금까지의 국가와 민족의 경계를 획기적으로 푸는 일을 통해서 우리 시대 인류 문명의 수치인 세계 난민 문제, 이주민 문제와 분노하며 씨름하는 사람들도 있다. 이들 모두는 바로 하나님의 성막을 책임 맡은 거룩한 소수자들이다. 그래서 이 소수자들의 음성과 상상에 주목하는 일이 중요하다. 그들을 통해서 우리 삶이 새로워지고 하나님의 나라가 더욱 확장될 수 있기 때문이다. 이러한 창조적 소수자들이 전하는 메시지는 한결같은데, 즉 우리 모두는 하나이고 모든 그러함에도 불구하고 선하다는 것이다: "(세상의) 모든 것은 연결되어 있다. 그리고 실상, 모든 것은 충분히 좋다. 이것이 삶의 강력한 파산으로부터의 구출이다"라는 것이 그들의 언술과 새로운 상상이다.

〈 인 터 뷰 〉

새로운 신학을 인양하라*

다시 4월이다. 삼백 넘는 생명들을 바닷속에 두고 나온 지도 벌써 삼 년이 되었다.

처음엔 아무도 삼 년을 넘기겠다고 생각하지 않았다. 가라앉은 배가 앞으로 삼 년간 그대로 가라앉아 있으리라고 생각하지 않았고 광화문의 노란 텐트들이 삼 년간 그대로 펼쳐져 있으리라고 생각하지 않았다. 그러나 '세월호'란 이름은 삼 년이 지난 지금도 여전히 살아 광화문의 노란 깃발로 펄럭이고 있다. 이제 '세월호'는 하나의 고유명사다. 자식 잃은 부모의 마음 찢어짐과 그것을 방조한 국가의 무능, 국가의 정상적인 기능을 앗아간 우리 사회의 부패와 부조리가 그 이름 안에 모두 들어 있다. 그래서 '세월호'를 호명하는 일은 거기 담긴 우리 사회의 적폐를 캐어묻고 꺼내 놓고 들여다보며 고쳐내라 요구하는 것이 된다.

---

* 이 인터뷰는 지난 2017년 3월에 〈Leadership KOREA〉의 조성엽 기자와 진행했고, 그 잡지 통권 제4호에 실렸다.

다시 '세월호'를 불러내기 위해 이은선 교수를 찾았다. 100여 분 간의 대담에서 이 교수는 세월호 참사가 내포한 한국 사회의 적폐를 낱낱이 드러내 놓았다. 이 교수는 세월호 참사가 해방 이후 누적된 우리 사회의 모순과 이로 말미암은 한국 정치의 실패, 그리고 그 정치와 야합한 한국교회의 실패를 나타낸 사건이라고 말했다.

그동안 세월호 사건을 두고 활발한 저술을 하셨습니다. 특별히 세월호에 천착하신 동기가 있으십니까?

세월호는 너무나 끔찍한 사건이었다. 그렇게 많은 사람들이 수장되는데 한 명도 구해내지 못했다. 사건이 처음 일어났을 때 정부는 세월호 소유 회사의 대표인 유병언에게 모든 책임을 돌리려고 했었다. 유병언은 한국 기독교계에서 '이단'으로 여겨지긴 했지만 한국 기독교와 관련 있는 인물이다. 따라서 한국 교회도 책임이 있다고 생각한다. 기독교 학자로서 주목하지 않을 수 없었다.

일각에서는 세월호 사건을 교통사고에 비교하기도 하는데, 그것과는 사뭇 다른 관점인 것 같습니다. 세월호 사건의 원인을 어디에서 찾으십니까?

세월호는 한국 현대사의 모순이 집약된 사건이다. 최근 밝혀진 바에 의하면 세월호엔 강정마을 해군기지로 가는 철근이 실려 있었고 국정원도 연결되어 있었다. 이는 우선 한국이 해방 이후 자주적인 독립 국가로 서지 못한 때문이다. 그러나 더욱 직접적인 원인은 전 정권과 현 정권에서 가중된 정치-경제의 야합, 정치가 경제의 시녀로 되어버리며 모든 것이 경제를 살리자는 명분하에서 용납되어 버린 데 있다. 그리고 현 정권에서 두드러지게 나타난 민주주의의 퇴보와 지독한 관료주의로의 회귀도 세월호 사건을 통해 확인됐다. 20세기 이후 한국 사회에 누적된 많은 모순들이 세월호라는 사건에서 표출되었다고 생각한다.

세월호 사건 이후 3년이 지났습니다. 그 이후 한국 사회가 얼마만큼 개선됐다고 생각하십니까?

국정농단 사태 이후 특별검사의 수사 등이 이루어졌지만 아직 대통령의 7시간이 밝혀지지 않았고 세월호 선체가 인양되지도 않았다. 너무나 큰 사건이었고 3년이라는 시간이 지났지만 한국 사회는 그 이후도 크게 달라진 바가 많지 않다고 본다. 다만, 한국 사회의 중심이었다고는 할 수 없던 안산 단원고의 유가족들을 중심으로 이 국가와 교회라는 기존의 권위들에서 저항해서 일종의 민중적 자립을 이루었다는 점은 의미 있다고 본다. 종교적으로 표현하자면, 중세로부터 벗어나서 주체적으로 삶과 신앙의 기준을 세워 나갔던 근대 종교개혁의 정신과도 비견될 수 있겠다. 이 점에서 세월호 사건은 중요한 계기였다. 기존의 체제와 기득권에 관한 근본적 물음을 던지게 된 부분은 중요한 진전이다.

세월호 가족들은 세월호의 진실이 세 가지 차원에서 변형되고 왜곡되는 것을 말한다. 즉 먼저 왜 그런 참사가 일어났는지, 다음으로 그것이 일어난 후 왜 그렇게 구조를 하지 못했는지, 그리고 마지막으로 그 원인들을 규명하고 진실을 알려는 자신들의 노력과 고통이 왜 그렇게 짓밟혀지고 왜곡되고 있는지에 대한 것이다.[1]

지금까지 세월호 사건의 진상이 드러나지 못하는 이유는 무엇이라고 생각하십니까?

나는 그것을 정치와 진실의 충돌이라고 표현하고 싶다. 세월호 사건에서는 정치가 사실적 진리를 밝혀내지 못할 뿐 아니라 도리어 숨기고 있다. 이미 일어난 사실은 과거다. 사실은 고정되어 달라지지 않으며 우리의 존중을 받아야 한다. 그런데 세월호 사건에서는 현재에 있는 사람이 과거의 사실을 자신의 의견으로 바꾸어 놓는다. 한나 아렌트가 *Truth and Politics*에서 나치의 파시즘이나 미국의 매카시즘을 겪으면서 가한 분석처럼, 이번 세월호 사건에서도 매우 유사한 일이 일어나고 있다고 생각한다. 특히 오늘 한국 사회에서 '종북-좌빨'이라는 이데올로기가 무소불위의 힘을 가지고 있는 상황에서 더욱 그렇다고 본다. 사실이 정치의 힘에 의해 왜곡되는 공동체는 불행하다. 어떤 사건이 일어났을 때 그것의 의미를 밝혀낼 기반이 무너지면서 그 사건의 해석과 의미를 찾아내려는 사람이 줄어들기 때문이다. 사회가 살아남으려면 사람들이 공통적으로 받아들이는 기반이 필요하다. 그걸 잃어버리면 사회

---

1 이은선, "명멸(明滅)하는 부활, 4.16 세월호의 진실을 통과하는 우리들", 〈한국여성신학〉 83호, 69-70

는 존립 근거를 상실하며 무력감에 빠지고 만다. 그런 사회일수록 비인간적인 일들이 쉽게 일어난다.

그것은 공적 영역의 붕괴이고 정치의 실종이다. 그렇게 되면 사람들이 말과 행위를 위해서 보편적으로 받아들일 수 있는 사실의 영역도 사라진다. 우리가 서로 대화하며 서로를 신뢰할 수 있는 것은 이 사실의 영역에 기반하는데, 정치가 기능을 상실하면 이 모든 것들이 불가능해지고 만다. 그러면 공동체는 깨어지고 각자도생, 만인의 만인에 대한 투쟁만이 남는다. 정치가 사적 이익만을 추구하는 경제 속으로 함몰되는 현상은 그래서 위험하다.

그러면 망실된 한국 사회의 공공성을 어떻게 다시 복구할 수 있겠습니까?

무엇보다 기존의 적폐를 해소해야 한다고 본다. 촛불 시민들이 거리로 나선 이유는 더 이상 참기 어려웠기 때문이 아니었나? 국가도 언론도 믿을 수 없다는 생각에 거리로 나온 것이었다. 이번 촛불 혁명은 우리 사회가 공공성을 회복하는 과정이라고 생각한다. 더 나아가서 이러한 운동이 입법을 거쳐 제도화되어야 한다. 대선에 주목하는 것도 같은 이유로 볼 수 있다.

또한 사실을 담지하는 그룹들이 회복되어야 한다. 그들이 비록 소수라 하더라도 자신의 신앙을 진정으로 지켜가는 종교인과 지성인들, 예술가들, 정직한 언론 등이 그런 역할을 해주었으면 한다. 이런 그룹들이 사회가 지탱되게끔 하는 것이다.

지금은 JTBC의 손석희 사장이 그 역할을 하고 있는 듯합니다.

그렇다. 다만 다른 언론들이 함께 그래야 하는데, 지금은 너무 집중되는 경향이 있다. 한 개인에게 모든 사실적 진리를 부담시키는 사회는 건강한 사회가 아니다.

우리는 이번 참사와 더불어 대한민국에서 '국가'의 위격이 크게 흔들리는 것을 목도하였다. 그런데 그 국가의 개념과 더불어 유사한 정도로 크게 흔들리고 있는 존재가 '교회'라는 것을 말할 수 있다. (…) 전체주의화 된 국가권력에 이의를 달지 못하고 하수인과 충복처럼 지내고 있는 개신교는 자신들의 공동체 안에 이번 참사의 직격탄을 맞은 사람들이 있어도 거기에 대해서 외면하고, 왜곡하고, 그만 잊어버릴 것을 강요했다.[2]

세월호 사건에서 드러난 한국교회의 실패에 대해서도 듣고 싶습니다.

처음 서구 선교사들로부터 전해져서 세워진 이래 한국교회는 많은 공헌을 했다. 기독교인들을 통해 학교와 병원이 세워졌고 여성들이 봉건적인 억압에서 벗어나서 주체로 설 수 있었으며, 무엇보다 각 사람마다 직접 하나님의 언어를 읽을 수 있게 되었다. 그러나 시간이 흐르며 기독교 안에서도 힘의 집중 현상이 나타났고, 잘못된 기복신앙으로 변

---

2 같은 책, 73

질되었으며, 성직자 중심주의, 목회자-평신도 차별과 남성-여성 차별 등이 생겨났다. 또한 기독교는 현재를 견디며 장차 임할 하나님의 뜻을 기다릴 힘을 주었지만, 그것이 왜곡되면서 현재의 삶에 눈을 감아버리는 영육 이원주의로 빠지기도 했다. 정치가 세월호를 과거로 밀어버리려 했다면 교회는 세월호의 치유와 대면을 미래로 넘겨버리려 했다. 정치가 유가족들에게 "이렇게 보상을 해줄 테니 그만하라"라고 했다면 교회는 "하늘나라에서 만날 텐데 언제까지 그러고 있을 것이냐"라고 했다. 한국교회, 특히 일부 큰 교회들은 유가족들의 슬픔과 고통, 한국 사회의 구조적 모순에는 눈을 감아버리고, 오히려 정부가 원하지 않으니 자신들의 기득권을 지키고자 거기에 항의하기보다는 화답했고 야합했다. 때문에 세월호 사건을 통해 국가의 권위가 무너진 것만큼이나 교회의 권위도 무너졌다고 본다. 젊은 세대들에게 그러한 기성의 교회에 대해 다시 생각할 기회를 열어줬다는 점에서 한편으로 고맙기도 하다.

그러면 세월호 사건에 대해 한국교회는 어떻게 대처했어야 했습니까?

여성 조직신학자로서 한국 대형교회가 보여준 그와 같은 모습에는 근본적으로 그의 신학적 한계와 오류가 놓여있다고 본다. 특히 부활 이해와 관련되는데, 그리스도의 부활을 이천 년 전에 한 번에 완료된 사건으로 이해하는 것을 말한다. 한국교회는 성서의 문자에 대한 절대화, 화석화된 그리스도론과 성직자 중심주의로 말미암아 하나의 기득권이 되어 버렸다. 세월호 유가족과 함께 하는 것은 기존 정치와 교회의 기득권 구조에 대한 도전이기도 하다. 그런데 이미 기득권인 한국 교회로서는 그렇게 할 수 없다. 이를 잘못 건드렸다간 한국교회의 지독한 남성 중심주의와 성직자 중심주의, 성서 무오설, 서구 신학을 절대화하는 태도 등에 근거한 구조 일체가 흔들리기 때문이다. 그래서 유가족들의 슬픔에 참여하지 못하고 단지 그것을 미래로 유보하는 방식으로 밖에는 대처할 수 없었던 것이 아닌가 생각한다.

세월호 사건을 통해서 기존 신학의 한계점이 노출되었다고도 볼 수 있겠습니다.

그렇다. 래디컬한 생각일 수 있겠지만, 전통적인 신론을 깨야 한다. 예수도 유대 민족에게 국한되었던 하나님을 모든 인간의 아버지로 고쳐 놓지 않았나? 마르틴 루터의 개혁도 마찬가지다. 신을 만나는 장소를 교회나 책, 성직자를 통한 은총이 아니라 각자의 믿음의 행위로 옮겨 놓았다. 세월호 유가족들은 오랫동안 자신들이 몸담았던 교회와 신뢰하던 목사님으로부터 외면당하는 경험을 했다. 신에 대해서도, 자기는 열심히 신을 믿어 왔는데 어떻게 이런 불행한 일이 일어날 수 있는지를 고민했다. 이를 통해 신에 대해 가지고 있던 기존의 생각들이 흔들리게 된 것이다. 그러면서 그들은 진정한 신의 실재를 지금까지의 교회 체재 안에서 보는 것이 아니라 오히려 그와 같은 절망적인 상황 속에서도 이것이 전부가 아님을 믿으며 진실을 알기 위해 사건의 진상을 파악하려고 함께 뭉치는 엄마, 아빠들과 그들을 도와서 함께해주는 많은 이름 없는 봉사자들 안에서 발견한 것이다. 세월호 엄마, 아빠들이 그렇게 힘을 합해 함께 일어설 수 있었던 출발은 자기 자녀들에 대한 사랑이었다. 그렇게 자연스럽게 인간 각자 속에 있는 근원적인 생명감각으로부터 불행을 이겨낼 힘을 얻은 것이다. 17세기의 한국의 성리학자 하곡 정제두(1649-1736)는 이것을 우리 마음속의 '생리'(生理)라고 불렀는데, 生이란 살린다는 뜻이고 理는 마음의 원리란 뜻이다. 인간 각자 속에 있는 생명의 감각과 원리야말로 신이 현현하는 장소라고 파악한 것이다. 서구에서도 『위험사회』를 쓴 울리히 벡이 '자기만의 신'(Der eigene Gott)을 말하듯이, 21세기의 신은 체제나 고정된 교리를 넘어서 각자의 마음속에 나름의 모습으로 담지되는 것을 말한다.

에티 힐레줌이라는 여성3은 나치의 강제수용소에서 〈사유하는 가슴〉(Das denkende Herz)이란 일기장을 남겼다. 힐레줌은 강제 수용소에서 죽어가는 유태인들을 보며 신조차도 죽은 것이 아닌지 물었다. 그리고 하나님에게 구해달라는 기도를 접고 스스로가 타인을 위한 존재로 나섰다. 모든 인간성이 파멸되고 죽어갈 때 인간답게 사는 모습을 보여줌으로써 자기 안 하나님의 모습을 나타내려 애썼다. 이로써 하나님이 우리를 구하는 게 아니라 우리가 하나님을 구해낸다고 썼다.

나의 하나님, 상황이 크게 변할 수 있을 것 같지는 않아요, 그게 우리 이생에 속하는 것들이지요. 당신에게 어떤 변명과 변론을 요구하지 않

---

3 에티 힐레줌은 아우슈비츠에 수용되어 스물아홉 살에 죽었다. 죽기 전까지 다수의 편지글을 남겼다.

겠어요. 당신이 나중에 우리에게 변명을 요구할 것이지요. 그리고 거의 매번 심장이 뛸 때마다 나에게 점점 더 확실해져요. 당신이 우리를 도울 수 없고 대신 우리가 당신을 도와야 한다는 것, 그래서 우리 깊은 속의 당신의 보금자리를 우리가 마지막 순간까지 지켜내는 것. … 나의 하나님, 내 안의 당신과 이런 대화를 통해서 점점 더 안정을 찾아가요. 다음에도 계속 이런 대화를 많이 나눌 것이고, 나를 떠나가려는 당신을 이렇게 막을 거에요. 나의 하나님, 당신도 앞으로 어려운 시간을 보낼 거에요. 그러나 저를 믿으세요. 저는 계속 당신을 위해서 일할 것이고 당신에게 충실히 머무를 것이며 당신을 내 안에서 쫓아버리지 않을 거에요.[4]

니체는 "진지하고 정직한 기독교인이라면 상당히 오랫동안 기독교 없이 생활해야 할 의무가 있다"라고 썼다. 나는 오늘 세월호 이후를 살아가는 우리도 그래야 하지 않을까 생각한다. 두렵고 떨리는 말이지만, 오늘 한국 사회에서 파행적으로 실천되는 기독교 신앙의 모습을 보면서 나는 교인들이 이런 교회를 떠나야 한다고 생각한다. 그렇게 하지 않고서는 교회가 변하지 않는다. 내 안에서 생명을 살리는 원리로 작동하는 하나님에 대한 믿음과 내 안의 '자기만의 신'에 대한 믿음을 가지고 감히 체제 바깥으로 나와야 한다. 얼마 동안은 그런 일을 감당하는

---

4 *Das denkende Herz, Die Tagebuecher von Etty Hillesum 1941-1941*, Rowohlt, 24. Auflage 2013, 7. ; 이은선, "신은 죽었다, 나의 내면의 신은 이렇게 말한다", 이은선/이정배, 『묻는다, 이것이 공동체인가』, 동연, 2015, 214에서 재인용

206 | 세월호와 한국 여성신학

기독교인들이 더 많아졌으면 좋겠다. 예수가 부활했으니 그것을 믿으면 우리도 죽은 다음에 부활한다는 식의 부활 이해는 많은 한계를 가진다. 부활은 내 삶의 매 순간과 행위 속에서도 일어난다. 절망의 상황 속에서도 생명을 선택함으로써 절망을 넘는 것이다. 우리 몸의 끝이 모든 것의 끝이 아니라는 믿음은 바로 여기서 생겨난다. 교리로 외워지는 부활은 우리 삶을 비인간화하는 현재의 원인들을 은폐해 버린다. 이것들이 근본에서부터 깨져야 한다고 생각한다.

인간 무늬(人文)의 소중함
: 2017년 종교개혁 500주년의 해를 보내며

주 너희의 하나님이 너희에게 주셔서 차지하게 하시는 땅에서, 누구에게 살해되었는지 알 수 없는 사람의 주검이 들에서 발견될 때에는, 장로들과 재판관들이 현장에 나가서, 그 주검 주위에 있는 성읍들에 이르는 거리를 재어라. 그 주검에서 가장 가까운 성읍이 있을 터이니, 그 성읍의 장로들은 아직 멍에를 메고 일한 적이 없는 암송아지 한 마리를 끌고 와서, 물이 늘 흐르는 골짜기, 갈지도 심지도 않은 골짜기로 그 암송아지를 끌고 내려가 물가에서 암송아지의 목을 꺾어서 죽여라. 그 때에 레위 자손 제사장들도 그곳으로 나와야 한다. 그들은 주 너희의 하나님이 선택하셔서 주를 섬기며 주의 이름으로 축복하는 직책을 맡은 사람으로서 모든 소송과 분쟁을 판결할 것이다. 이때에 피살자의 주검이 발견된 곳에서 가장 가까운 성읍의 장로들은 물가에서 목이 꺾인 암송아지 위에 냇물로 손을 씻고 아래와 같이 증언하여라. "우리는 이 사람을 죽이지 않았고, 이 사람이 살해되는 현장을 목격하지도 못하였습니다. 주님 주께서 속량하여 주신 주의 백성 이스라엘 사람에게 무죄한 사람을 죽인 살인죄를 지우지 말아 주십시오." 이렇게 하면 그들은 살인의 책임을 벗게 된다. 이렇게 해서 너희는 너희에게 지워진 살인이 책임을 벗어라. 이렇게 하는 것은 주께서 보시기에 옳은 일이다(신명기 21장 1-9절).

1. 참으로 인상 깊은 성경 구절입니다. 누가 살해했는지 알 수 없는 주검이 주변에서 발견되자 하나님은 그 일의 처리를 위와 같이 명하신 것입니다. 그 주검의 거리로부터 가장 가까이에 사는 마을 공동체에게 우선의 책임을 물어서 한 번도 멍에를 메어본 적이 없는 귀한 암송아지를 한 마리 데려와서 속죄물로 대신 죽게 하고, 그것을 제사장들에게 보이면서 자신들의 무죄를 확증 받아야 한다는 것입니다.

이렇게 예전 하나님이 원하시는 인간 공동체의 삶은 한 사람의 죽음과 주검을 귀하게 여겼습니다. 그가 누구인지, 누가 죽였는지도 알 수 없을지라도 우리 주변에서 그것이 발견되었을 때는 그것을 아주 중히 여겨서 일찍이 멍에를 매여본 적이 없는 암송아지를 대신 죽게 할 정도로 중하게 다루기를 원하셨습니다.

하지만 이에 비해서 오늘 우리 주변의 삶에는 죽음과 주검이 즐비합니다. 그래도 어느 누구하나 그렇게 주목하지 않습니다. 행려자의 죽음과 주검을 사람들이 쉽게 지나치고, 심지어는 가장 가까운 가족 중에서 누가 떠날지라도 크게 상관하지 않는 경우까지 늘고 있습니다. 고독사가 우리 시대의 화두가 되었고, 그 고독사가 단지 노인들만이 두려워하는 일이 아니게 되어가고 있습니다.

2. 이렇게 죽음까지도 다반사가 되어가고 그것이 우리의 감각을 크게 일깨우지도 못하게 되어가면서 우리는 묻게 됩니다. 과연 우리 삶은 무엇을 위한 것이고 어디로 가고 있는 것일까? 요즈음 크게 논의되는 '인공지능'(AI)이나 '포스트휴먼'(posthuman) 이야기, 앞으로 인류의 종교는 '데이터교'로 전환될 것이고, 인류는 행복과 불사의 지경에 거의 도달했다는 전망들 앞에서 저는 앞에서 우리가 읽은 성서의 이야기가 무슨 의미가 있는지를 살펴보고 싶습니다. 이와 더불어 요즈음 페미니즘 담론에서 많이 거론되는 동성애와 낙태법에 관한 것도 같은 맥락에서 물어질 수 있다고 생각합니다.

여기서 저의 핵심 질문은 이렇게 우리 '몸'과 '생물적 생명'과 이 세상에서의 '사실'이 크게 교란되고, 문제시되며, 평가절하 되는 상황에서 우리는 우리 삶의 닻을 어디에 맬 것이며, 삶의 지렛대를 어디에 둘 것인가 하는 것입니다. 일찍이 20세기 이후 인류의 문제를 '세계소외'로 지적한 한 사상가는 위의 죽음의 물음과 대척점에 있는 인간의 '탄생'에 두 가지 차원이 있다는 것을 지적했습니다.

먼저는 제1의 탄생으로서 우리가 생명적 몸으로 이 세상에 오는 것을 말하고, 제2의 탄생은 그러한 생명적 탄생을 기반으로 해서 다시 인간적 말과 행위로 다른 사람과 함께 하는 다원성의 세상에 오는 것을 말합니다. 즉 이 세상에 자신만의 고유한 말과 행위로 스스로를 드러내며 공적 세계로서의 세상을 살아가는 일을 말합니다. 그러면서 이렇게 두 가지 차원을 가지는 인간 '탄생성'에 의해서 이 세상이 아무리 죽음을 향해 가더라도 세상이 매번 다시 새로워지는 기적을 맞이하는 것이라고 했습니다. 오늘 우리가 이 자리에 모인 것도 바로 이 세상에 기적같이 오신 예수님 삶의 기적을 다시 기리고 기념하기 위해서라는 것을 말할 수 있습니다.

3. 하지만 앞에서 여러 가지로 지적한 대로 우리 시대에는 제1의 탄생도 매우 위협받고 있고, 그런 상황에서 제2의 탄생은 더 이상 말할 것도 없을 정도로 불가능해지고 있습니다. 생명은 쉽게 인공적 가공물로 대치될 수 있다고 여겨지고, 몸과 사실은 쉽게 조작(페이크, fake)되고 있습니다. 이런 시대에서는 지금까지 호환될 수 없고, 그 가치를 말할 수 없다고 여겨지던 생명과 사실과 진실이 하찮게 여겨집니다.

그러면서 사람들의 말과 행위가 펼쳐질 수 있는 장이 무너져 내리고, 인간은 한갓 물질적 집합이나 욕망 덩어리로 치부되고 있습니다. 이렇게 되니 세상은 점점 더 폭력적이 되어가고, 다른 사람과 다가오는 세대의 제2의 탄생을 염려해주는 일이 드물어지면서 인간 삶이 각자도생으로 자아에게만 집중하는 일이 되어가고 있습니다. 이렇게 지금까지 우리 삶의 토대가 되고 기초가 되며, 닻을 내릴 근거로 여겨졌던 생명 몸과 집이 무너지고, 그것들이 얼마든지 조작 가능한 일이 되니 우리 삶은 점점 더 뿌리 뽑힌 부초처럼 되어갑니다.

4. 스티븐 호킹과 같은 사람은 이런 상황에서 이제 인류가 살 길은 30년 안에 지구를 떠나서 다른 행성으로 이사하는 것이라고 했습니다. 이것은 이제 인류가 이 지구라는 행성 안에 그렸던 모든 인간적 그림(인문)을 버리고 다른 집을 찾아 떠나는 것을 말하는데, 위의 하나님은 거기에 반해서 한 사람 행려인의 생명과 그 생명이 담지 되었던 주검까지도 결코 허투루 다루면 안 된다고 경계하십니다.

그 행려인의 주검도 우리가 쉽게 처리해 버리거나 대체하거나 조작적으로 만들 수 있는 어떤 것이 아니라 우리가 그렇게 찾고, 이루고자 하고, 완성하고자 하는 어떤 행복, 새로운 집과 문명, 영생과 지복이 바로 그 몸과 그 무늬와 연결되어 있다는 것을 말씀하시는 것이라고 생각합니다. 그러므로 우리의 생명적 몸과 그 몸을 낳는 일과 그리고 그 몸을 인간적인 마음으로 기르고, 살피는 일을 결코 소홀히 해서는 안 되겠습니다. 거기서 창조되는 모든 인간적인 무늬들을 소중히 여기라고 말씀하시는 것이라고 저는 이해합니다.

5. 모든 것을 스스로가 다시 만들 수 있다고 여기고, 자신이 누군가에 의해서 탄생된 존재가 아니라 스스로 존재하는 것처럼 여기는 오늘 우리 세대는 그런 의미에서 어떤 조건이나 기초를 받아들이는 것을 좋아하지 않습니다. 하지만 모든 존재는 누군가에 의해서 탄생되었습니다. 그런 의미에서 우리 모두는 한편으로 조건 지어진 존재입니다. 그 탄생에는 집이 있고 어머니가 있었습니다.

그래서 누군가는 다시 집을 지키고, 토대를 가꾸고 소중히 하는 일을 맡아야하겠습니다. 그것은 이미 많은 시간과 수많은 사람들의 생명과 수고로 일구어진 인간의 무늬를 소중히 하는 삶이기도 합니다. 비록 죽었지만 그 주검조차도 소중히 다루어지는 시대, 인간적인 말과 약속이 귀중하게 여겨지고 그것을 지키는 일을 소중히 여기며, 그래서 우리 삶이 앞으로도 지속될 수 있도록 배려하는 일과 삶, 저는 이것을 맡아서 하는 일이 종교와 신앙의 일이고, 역사와 과거를 중시여기는 삶이며, 그럴 때만이 참으로 미래를 기대할 수 있기 때문에 수행되는 그것이 진실한 여성주의적인 배려와 보살핌, 생명의 삶이라고 말하고 싶습니다.

오늘 성서가 가르쳐주는 사람 사는 모양은 마을 사람 전체가 아무런 연고도 없는 한 사람의 죽음이라도 귀히 여기고, 거기서 주목하고, 자기 주변에서 홀로 죽어간 사람이 있다는 것을 자신들의 죄과로 여기면서 거기에 대해서 속죄하는 깊은 인간성이 살아있는 삶을 말합니다.

6. 예수 탄생일을 맞이하여 서로 축하하고 있는 오늘과 더불어 이제 곧 2017년이 지나갑니다. 올해 2017년은 우리가 함께 일구는 개신교가 그 탄생 5백주년을 기념하는 해이기도 했습니다. 그러나 지금 한국 교회의 모습을 보면 죽은 사람까지도 돌보는 인간성 대신에 탐욕과 교만과 하늘까지 닿는 욕심과 자기팽창으로 그 비인간성이 말할 수 없습니다. 종교개혁 5백주년을 지나면서도 우리 교회는 회개와 성찰 대신에 더 크게 바벨탑을 쌓으려는 모습입니다.

그러나 저는 감히 이것이 누구의 잘못이 아니라 바로 나의 모습이며, 우리 자신의 사라져버린 생명 감각 때문이라고 느낍니다. 저는 이러한 무뎌지고 죽어가고 있는 우리 인간성과 우리들 집의 회복을 위해서 시간을 가지고 싶습니다. 그것을 통해서 우리 삶이 좀 더 인간적인 모습으로 전환되기를 희망합니다.

그러면서 예수의 탄생과 그 예수를 낳고 기른 마리아의 상황을 다시 그려봅니다. 그녀는 원치 않는 임신으로 매우 고통을 받았을 것이고, 그렇게 어쩌면 사생아일지도 모르는 삶으로 태어난 예수는 그러나 그 마리아에 의해서 원치 않는 임신으로 태어난 속된 삶에서 시대와 인류의 구원자가 되는 큰 전회를 경험했습니다. 그렇게 해서 예수는 제1차의 생명을 받은 것에 더해서 제2의 탄생으로 자신의 고유성을 더해서 세상에 복음을 가져왔고, 오늘 2천년 후의 우리까지도 그의 공덕으로 살고 있습니다.

바로 예수의 어머니 마리아가 집을 지키고, 그의 생명적 삶을 소중히 여기고, 그를 품어주고, 제2의 탄생이 가능하도록 했기 때문이겠습니다. 그의 착한 남편 요셉도 그 시대와는 다른 사람이었습니다. 그도 깊은 신앙적 모성의 사람이었고, 그의 가족들도 어쩌면 당시 주변의 다른 사람들보다 더 인간적이고 모성적이었는지 모르겠습니다.

7. 내년은 유엔에서 세계인권선언을 선포한지 70주년이 되는 해라고 합니다. 오늘 인간 몸의 천시와 더불어 인간이 이룩한 무늬들이 거의 무시되는 상황에서 이 인권에 대한 선포를 다시 생각해 봅니다. 또한 그 다음 해인 2019년은 모두 아시다시피 3.1운동 100주년의 해이기도 합니다.

2017년 종교개혁 5백주년을 지내고 우리는 이렇게 이어서 세계인 권선언과 그 척박한 식민지 상황에서도 세계 인류 문명에게 인간의 존엄을 선포한 삼일절 100주년을 앞두고 있습니다. 바로 1919년 우리 민족의 3.1운동에서 큰 견인차 역할을 했던 이웃종교 천도교에서는 오늘 우리의 크리스마스 이브날인 24일이 그들에게는 '인일'(人日)이라고 합니다. 천도교 3대 교조 의암 손병희 선생(1861-1922)이 수운 최제우와 해월 최시형에 뒤이어서 천도교의 도통을 이어받은 날이라고 합니다.

'인일'(인간의 날)이라는 단어가 저는 참 좋습니다. '사람이 곧 하늘'(人乃天)이고, '사인여천'(사람을 한울처럼 섬겨라)의 뜻이 이어지게 된 날을 기리기 때문입니다. "나라엔 경제적 지엔피(국민총생산)만 있는 게 아니다", "한 사람 한 사람을 얼마나 존엄하게 대하는 지로 가늠되는 '정신적 지엔피'"가 있다고 지적합니다.

8. 이제 저는 오늘 우리 모두에게 관건이 되는 이 정신적 지엔피를 기르는 일에서 최근에 접하게 된 '불식지정'(不息之貞), '정신을 똑바로 차리고, 정직하고 진실된 삶을 놓지 않는 일', '불이지심'(不己之心), '이미 모두 되었다고 하는 마음이 아니라 아직도 더 해야 한다는 참고 인내하는 마음', 이 두 가지 말을 새롭게 새기면서 마무리하고자 합니다. 이제 종교개혁 5백주년을 보내고 또 다시 백년을 시작하는 오늘에 이 말과 함께 우리 인간성과 생명성이 더욱 귀하게 여겨지면 좋겠습니다. 그것은 매우 깨어지기 쉽고, 조작될 수 있으며, 인공의 몸보다 훨씬 약해

보이지만, 그러나 어쩌면 그 속에서만이 진정한 생명과 포스트휴먼이 싹틀 수 있기 때문입니다.

  오늘 우리 곁에서 유아세례를 받는 아기들의 모습 속에서 그와 같은 진실이 깊이 감지되기를 소망합니다. 그들의 모습 속에서 이미 우리 시대를 위한 큰 기적과 새로운 그리스도의 탄생을 보기 원합니다. 오늘 한반도의 현실이 일촉즉발의 전쟁의 위기 가운데 있지만 그럴 때 일수록 우리 사회 전체가 죽음과 주검과 취약한 인간의 몸을 소중히 여기는 일을 통해서 그 위기를 우리가 넘을 수 있지 않을까 생각합니다. 우리 모두와 겨자씨교회와 한국교회의 새해가 그렇게 인간의 무늬(人文)를 소중히 여기는 일에 더욱 진전되기를 기도합니다. 그러한 일의 실험과 더불어 저 자신의 시간도 채워지기를 기도합니다.

(2017년 12월 24일 겨자씨교회 설교문)

참 고 문 헌

세월호 참사와 한국 정치 그리고 교회 여성

니콜라이 베르댜예프/이신 역. 『노예냐 자유냐』. 도서출판 인간, 1979.

서강대 종교연구소 엮음. 『한국 여성 종교인의 현실과 젠더 문제』. 동연, 2014.

안토니오 네그리·마이클 하트/ 정남영·윤영광 옮김. 『공통체-자본과 국가 너머의 세상』.
　　사월의 책, 2014.

울리히 벡/홍찬숙 옮김. 『자기만의 신』. 도서출판 길, 2013.

이신/이은선·이경 엮음. 『슐리어리즘과 靈의 신학』. 동연, 2011.

이은선. 『잃어버린 초월을 찾아서 - 한국 유교의 종교적 성찰과 여성주의』. 도서출판 모시
　　는사람들, 2009.

_____. 『한국 생물生物여성영성의 신학─종교·聖·여성性·정치誠의 한몸짜기』. 도서출
　　판 모시는사람들, 2011.

_____. 『생물권 정치학 시대에서의 정치와 교육-한나 아렌트와 유교와의 대화 속에서』.
　　도서출판 모시는사람들, 2013.

이찬수 외. 『종교 근본주의-비판과 대안』. 도서출판 모시는 사람들, 2011,

한나 아렌트/이진우·박미애 옮김. 『전체주의의 기원』1, 한길사, 2006.

_____/이진우·태정호 옮김. 『인간의 조건』. 한길사, 2001.

한형조 외. 『500년 공동체를 움직인 유교의 힘』. 글항아리, 2013.

Charles Taylor, *A Secular Age*. The Belknap Press of Harvard University Press, 2007.

세월호 참사, 神은 죽었다. 나의 내면의 神은 이렇게 말한다

고병권. 『"살아가겠다"』. 삶창, 2014.

루돌프 슈타이너/김경식 옮김. 『고차 세계의 인식으로 가는 길』. 밝은 누리, 2003.

송경동. 「우리 모두가 세월호였다」, 고은 외 68인. 『우리 모두가 세월호였다 – 세월호 추모 시집』. 실천문학사, 2014.

이계삼. 「세상읽기-맞은 편 노들야학」. <한겨레> 2014.9.29.

이반 일리치/허택 옮김. 『누가 나를 쓸모없게 만드는가 – 시장 상품 인간을 거부하고 쓸모 있는 실업을 할 권리』. 느린걸음, 2014.

이은선. "세월호 참사 이후에 신학자로 산다는 것". 2014.10.30 <신학자들이 함께 하는 기도회> 낭독, http://www.ecumenian.com.

_____. 「내가 믿는 이것, 한국 生物여성정치의 근거-한나 아렌트의 '탄생성'(natality)와 정하곡의 '생리'(生理)를 중심으로」. <현대문명과 강화양명학>. 제11회 강화양명학 국제학술대회, 2014.10.11, 한국양명학회 자료집.

_____. 「라마, 베들레헴, 안산-세월호 참사와 생명의 연속성」. 2014년 7월 6일, 안산시 단원구 화정교회 설교문, http://www.ecumenian.com/.

프리드리히 니체/박찬국 옮김. 『안티크리스트』. 아카넷, 2013.

홍은전. 『그럼에도 불구하고 수업합시다-노들장애인야학 스무해 이야기』. 도서출판 까치수염, 2014.

좌담 "진실까지 침몰하도록 둘 것인가?". <샘>. 계간 제39호, 2014.9.26.

Das denkende Herz, Die Tagebuecher von Etty Hillesum 1941-1941, Rowohlt, 24. Auflage 2013, 7.

세월호, 고통 속의 빛, 영생에 대하여

416 세월호 참사 시민기록위원회 작가기록단 씀. 『금요일에 돌아오렴』. 창비, 2015.

공지영. 『수도원 기행2』. 분도출판사, 2014.

이은선 · 이정배 함께 지음. 『묻는다, 이것이 공동체인가』. 동연, 2015.

존 F. 호트/박만 옮김. 『다윈 이후의 하느님-진화의 신학』. 한국기독교연구소, 2011.

한강. 『소년이 온다』. 창비, 2015.

함석헌. "5.16 어떻게 볼 것인가". 노명식 지음. 『함석헌 다시 읽기』. 책과함께, 2011.

Elie Wiesel, *Open Heart*, trans. by Marion Wiesel, Random House, New York, 2012.

부활은 명멸(明滅)한다: 4.16세월호 2주기의 진실을 통과하는 우리들

강만길 자서전. 『역사가의 시간』. 창비, 2010.

노마 히데키/김진아 외 옮김. 『한글의 탄생』. 돌베개, 2011.

이성복. 『불화하는 말들』. 문학과지성사, 2015.

이충진. 『가만히 있는 자들의 비극-세월호에 비친 한국 사회』. 컵앤컵, 2016.

조효제. 『인권의 지평』. 후마니타스, 2016.

진실의 힘 세월호 기록팀. 『세월호, 그날의 기록』. 진실의 힘, 2016.

한나 아렌트/서유경 옮김. 「진리와 정치」. 『과거와 미래사이』. 푸른 숲, 2005.

함석헌. 『뜻으로 본 한국역사』 (함석헌전집1). 한길사, 1986.

Hannah Arendt, *The Life of the Mind*, A Harvest Book, One -volume Edition.

조효제의 인권 오디세이. "고독이라는 이름의 고문", <한겨레신문> 2016.3.9.

팟방 <416의 목소리>

<4.16세월호참사의 교훈과 앞으로 가야할 길>, 2016.03.17(목), [4.16세월호참사 2주기 전문가 토론회] 정동 프란치스코 회관.

<세월호 참사 2주기에 즈음한 한국교회의 반성과 전망>, 2016.3.31, 광화문 세월호광장, 작성자: 고영근 목민연구소, 광장신학 기획실.

<세월호 가족들, 신앙고백에 눈물 흘린 목회자들(뉴스앤조이)>, 이은혜 기자, 2016.03.08.

<416세월호참사 특별조사위원회 제2차 청문회 자료집, 2016.03.28.-03.29, 서울특별시청>

한국 생물(生物)여성영성의 신학: 세월호 3주기를 맞으며

김승섭. 『아픔이 길이 되려면』. 동아시아, 2017.

생명평화마당 엮음. 『한국적 작은교회론』. 대한기독교서회, 2017.

李信/이은선 · 이경 엮음. 『슐리얼리즘과 영靈의 신학』. 동연, 2011.

한나 아렌트/김희정 옮김. 『라헬 파른하겐-어느 유대인 여성의 삶』. 텍스트, 2013.

현장아카데미 편. 『환상과 저항의 신학: 이신(李信)의 슐리얼리즘 연구』. 동연, 2017.

NCCK 신학위원회 엮음. 『촛불 민주화 시대의 그리스도인』. 동연, 2017.

세월호와 한국 여성신학
- 한나 아렌트와의 대화 속에서

2018년 2월 22일 인쇄
2018년 2월 27일 발행

지은이 | 이은선
펴낸이 | 김영호
펴낸곳 | 도서출판 동연
등   록 | 제1-1383호(1992년 6월 12일)
주   소 | 서울시 마포구 월드컵로 163-3
전   화 | (02) 335-2630
팩   스 | (02) 335-2640
이메일 | yh4321@gmail.com

ISBN 978-89-6447-398-6 93200